MIX
Papier aus verantwortungsvollen Quellen
Paper from responsible sources
FSC® C105338

Anke-Elisabeth Schoen

Die symbolische Ordnung zu Grabe tragen

Die Kommune I und ihre Flugblätter

Diplomica Verlag GmbH

Schoen, Anke-Elisabeth: Die symbolische Ordnung zu Grabe tragen: Die Kommune I und ihre Flugblätter. Hamburg, Diplomica Verlag GmbH 2013

Buch-ISBN: 978-3-8428-8225-6
PDF-eBook-ISBN: 978-3-8428-3225-1
Druck/Herstellung: Diplomica® Verlag GmbH, Hamburg, 2013

Bibliografische Information der Deutschen Nationalbibliothek:
Die Deutsche Nationalbibliothek verzeichnet diese Publikation in der Deutschen Nationalbibliografie; detaillierte bibliografische Daten sind im Internet über http://dnb.d-nb.de abrufbar.

Hermannstal 119k, 22119 Hamburg
http://www.diplomica-verlag.de, Hamburg 2013
Printed in Germany

Inhaltsverzeichnis

Wir wollten alles und die Herrschenden kriegen nichts. Wir wollten eben alles versuchen.

(Thorwald Proll)

1. Einleitung

Im studentischen Milieu ist die Wohngemeinschaft noch heute stark verbreitet. Viele der Studierenden schätzen das soziale Miteinander. Ein weiterer Aspekt sind – im Vergleich zu einer Singlewohnung – die geringeren Unterhaltskosten der Wohnalternative. Dabei haftet der Wohngemeinschaft nicht mehr der Hauch von Anarchie an, der sie einst umgab. Dies lässt sich nicht zuletzt auch an dem wertneutralen Begriff „Wohngemeinschaft" im Gegensatz zur ursprünglichen Bezeichnung „Kommune" ablesen. Von einem gesellschaftlichen Dissens ist die Wohngemeinschaft zu einer akzeptierten Wohnform gereift.

Anfang 1967 wagte ein begrenzter, politisch aktiver Personenkreis[1] das Experiment „gemeinsam leben". Aber es war mehr als das Kollektiv, das sie reizte. Vielmehr wollten die Kommunarden in mimetischer Anlehnung an die Kernfamilie die Gesellschaft revolutionieren. Dabei waren sie ausgesprochen konsumkritisch, denn die Verführung durch die Warenwelt führe zur „Entfremdung" des Individuums.[2]

Die Presse verhilft den Polit-Rebellen immer wieder zur medialen Präsenz. Auch diesem Umstand ist es zu verdanken, dass die Kommune I noch heute nicht aus dem öffentlichen Bewusstsein wegzudenken ist, was sich schließlich an den immer noch populären Wohngemeinschaften ablesen lässt. Weitaus weniger – in der öffentlichen Wahrnehmung fast vollkommen unbekannt – sind dagegen die Flugblätter der Kommune I. Ihre politischen Interessen, die Kritik am Konsum und an der bürgerlichen Gesellschaft spiegelten sich ebenfalls in ihren Handzetteln wieder. Dabei bewegten sie sich mit ihren Postulaten zeitweise am Rande der Legalität.

Sie pflegten einen spielerischen, nahezu infantilen Umgang mit Gewalt und ließen sich nicht von staatlichen Sanktionen einschüchtern. Um bei der Bevölkerung Aufmerksamkeit zu erlangen, setzten sie auf provokante Aktionen und Protest. Die Flugblätter zur

---

1 Sechs Personen – darunter vier Männer Dieter Kunzelmann, Hans-Joachim Hameister, Fritz Teufel, Volker Gebbert und zwei Frauen Dagmar Seehuber und Dorothea Ridder - finden sich in der antibürgerlichen Lebens- und Liebensgemeinschaft ein. Später kommen Detlef Michel, Ulrich Enzensberger und Dagmar Enzensberger dazu.

2 Vgl: Siegward Lönnendonker,Bernd Rabehl, Jochen Staadt: Die antiautoritäre Revolte: Der Sozialistische Deutsche Studentenbund nach der Trennung von der SPD, Bd. 1: 1960-1967, in: Schriften des Otto-Stammer Zentrums im Otto-Suhr-Institut der Freien Universität zu Berlin, Bd. 91, Wiesbaden 2002, S. 460 ff.

Warenhausbrandstiftung brachten den Kommunarden schließlich eine Anklage wegen Aufforderung zur Brandstiftung ein.

Auch wenn es eine *causa finita* ist, dass die Kommune I den Weg für die Wohngemeinschaften im studentischen bzw. akademischen Milieu geebnet hat, so steht auf dem Prüfstand inwiefern die Kommune I einer Stadtguerilla den Weg bereitete, die die gewalttätige Konfrontation mit der Staatsmacht nicht nur theoretisch-symbolisch, sondern auch praktisch suchte. Es geht um die Problematik, wie die Kommune I als Beschleuniger wirkte, inwiefern sie das Moment der Gewalt forcierte und es in zusätzlich in die Bewegung integrierte.

In den Jahren 1969 bis 1972, somit unmittelbar nach dem Zusammenbruch der Kommune I, kommt es zu einer Erweiterung der militanten Praxis innerhalb der APO (Außerparlamentarischer Opposition), zu der auch die Kommune I zählte. Die Gewalt zeigte sich in ihren zahlreichen Facetten. Es existierte eine sowohl abstrakte Diskussion über das Mittel „Gewalt“ im SDS, als auch eine Ablehnung von „spontanistischer“ bzw. „revisionistischer“ Gewalt bei den Maoisten. Die Straßenkämpfe und Aktionen sind ein beliebtes Agitatationsfeld, es entstand der „Berliner Blues“, die „Schwarzen Zellen“, die RAF als eine terroristisch-akademische Avantgarde und die „Bewegung 2. Juni“, welche eher proletarisch geprägt war. Die zerfallende APO befasste sich mit Konzepten der Militanz in anderen Ländern und mit der Guerilla.[3]

In der vorliegenden Arbeit wird nun das Konzept der Gewalt in den Flugblättern der Kommune I diskutiert. Der Leser erhält zunächst einen kurzen Einblick in die Forschungslage zur Kommune I und der 68er Bewegung, anschließend wird die Historie der Kommune I näher thematisiert. Dabei wird auch das „subversive Element“, das künstlerische Selbstverständnis der Kommune I, kurz geschildert.

Es werden anschließend die theoretischen Grundlagen der Gewaltdiskussion innerhalb der sich formierenden Neuen Linken erörtert, die sich daraus eröffnende Materie mit dem Ziel erläutert, das Wesen der Thematik innerhalb der Flugblätter zu schildern und es gewinnbringend für die Analyse der Flugblätter nutzbar zu machen. Den eigentlichen Kern dieser Arbeit stellt jedoch die differenzierte Auseinandersetzung mit den Flugblättern der Kommune I dar, welche zunächst einer kritischen Betrachtung unterzogen und im Folgenden exemplarisch analysiert werden. Unter Hinzunahme des Gewaltaspekts stellt es sich als unumgänglich dar, die Flugblätter im Zusammenhang mit dem Kauf-

---

[3] Hanno Balz: Millitanz, Blues und Stadtguerilla – Konzepte politischer Gegengewalt, in: agit 883 – Bewegung, Revolte, Underground in Westberlin 1969-1972, S. 127 – S. 141, S. 127 ff.

hausbrand in Brüssel zu analysieren.[4]

Im zweiten Teil der Arbeit wird als folgerichtig nächster Schritt der chronologische Verlauf später verfasster Postulate der Serie diskutiert, denn die Handzettel gewinnen im zeitlichen Verlauf mehr und mehr an Profil und werden in ihrer Ausrichtung zusehends radikaler. Auch an Einfallsreichtum, unterschiedliche Textcorpi betreffend, mangelt es der Kommune I keineswegs. Um kongruent sowohl unterschiedliche Textsorten als auch die Militanz der Flugblätter aufzeigen zu können, erfolgt die Interpretation eines Flugblatts aus der Serie zum Prozess der Kaufhausbrandstiftung. Das „Flugblatt 22" wurde aufgrund seines radikalen Inhalts als äußerst geeignet für Analysezwecke erachtet. Gleichsam ist es eine satirische Antwort auf die Anklage.[5]

Rundbrief und Pressemitteilung zeichnen sich aufgrund ihres makaberen Gehalts, allerdings auch wegen ihrer Klassifikation als gesonderte Textart, aus.[6] Sie werden somit nicht impliziert zu den Flugblättern gezählt und erlauben daher ausgezeichnete Analysemöglichkeiten unter den oben bereits genannten Aspekten. Ähnliches gilt für das Flugblatt „Unser Willy".[7] Dieses gehört nicht mehr zum unmittelbaren Flugblattbestand, ist allerdings als Nachzügler zu klassifizieren, welches sich chronologisch unmittelbar an die Serie anschließt. Inhaltlich geht es sowohl im Rundbrief als auch in der Pressemitteilung um die Diskreditierung sozialdemokratischer Politiker.

Im Rahmen dieser Arbeit sollen die zentralen Fragestellungen fokussiert werden, mit welchem Gewaltverständnis die Kommune I in der Öffentlichkeit auftrat und inwiefern sie aufgrund ihres exaltierten Habitus und ihres Selbstverständnisses die zerfallende APO und die linksextreme Szene bis zur späteren RAF inspirierte. Zu diesem Zweck werden die Flugblätter der Kommune I inhaltstheoretisch unter Hinzunahme soziohistorischer Aspekte mit dem Ziel analysiert, das Wesen der Thematik prägnant herauszustellen. Nach dieser inhaltlichen Auseinandersetzung wird im Rahmen eines Fazits das Ergebnis dieser Arbeit prägnant konferiert.

Es findet sich eine Vielzahl von einschlägiger Literatur zur 68er Bewegung. Der Versuch, diese breit gefächert darzustellen, würde vermutlich den Rahmen dieser Arbeit sprengen. Daher soll an dieser Stelle lediglich das Vorhaben realisiert werden, eine Kongruenz zwischen den wichtigsten Forschungszweigen der Post-68er Ära aufzuzei-

---

4 Neue Demonstrationsformen in Brüssel erstmals erprobt (Flugblatt 6), Warum brennst Du, Konsument ? (Flugblatt 7), Wann brennen die Berliner Kaufhäuser ? (Flugblatt 8), Burn, warehous, burn (Flugblatt 9); in: Kommune I - Quellen zur Kommuneforschung, Berlin 1967.

5 ZUHÖREN – Ihr Murmelgreise und Schlemscheisser des "Rechts"! (Flugblatt 22); in: Kommuneforschung, Berlin 1967.

6 Rundbrief, Pressemitteilung; in: Ebd.

7 „UNSER WILLY"; in: Ebd.

gen. In wenigen Worten wird ihr Wesen und Wert der Forschungen skizziert.

Aufgrund ihrer medial aufgeladenen Inszenierungen ist die Kommune I inzwischen sowohl Gegenstand der Mediengeschichte[8] als auch des Forschungsinteresses zur Avantgarde der Nachkriegsgeschichte.[9] Dabei rückt das Moment der subversiven Gewalt vermehrt in den Fokus der Wissenschaft. Es ist zwar publik, dass avantgardistische subversive Konzepte mit einer latenten Gewaltbereitschaft korrelieren, allerdings ist dieser Zusammenhang erst in der jüngsten Forschung aufgegriffen worden.[10] Auch die Terrorimusforschung erhält so vollkommen neue Impulse. Es liegt in der Natur der Dinge, dass die Kommune I nicht zuletzt aufgrund ihres militantesten Mitstreiters Dieter Kunzelmann als „Vorspiel" in den bundesdeutschen Linksradikalismus und Terrorismus eingegangen ist.[11]

Im Nachgang der Kommune I wird Gewalt und Militanz, wie bereits angedeutet, zum Kitt der zerfallenden Bewegung. Auch in der Wissenschaft wurde das Sujet näher beleuchtet, allerdings oftmals in direkten Kontext zu Rudi Dutschke.[12]

Auch die Akteure der Kommune I befinden sich im Fokus des wissenschaftlichen Interesses, sodass die Biografien der Kommunarden als gut erschlossen gelten können. Ulrich Enzensberger, jüngster Bewohner und Mitbegründer der Wohngemeinschaft, veröffentlichte seine Memoiren und erlaubt dem Leser so einen intimen Einblick in die Rituale des Kollektivs. Allerdings weist diese Autobiografie einige Ungenauigkeiten auf.[13]

Von Rainer Langhans und Dieter Kunzelmann, dem „Polit-Star" und dem „Drahtzieher" der APO, existieren ebenfalls Autobiografien.[14] Besonders Dieter Kunzelmanns Erinnerungen sind hierbei jedoch als lückenhaft einzustufen. Wissenschaftlicher und umfangreicher ist dagegen jene von Aribert Reimann verfasste Biografie über den Kommunar-

8 Joachim Scharloth, Martin Klimke: 1968 – ein Handbuch zur Kultur- und Mediengeschichte der Studentenbewegung, Stuttgart 2007.

9 Vgl.: Sara Hakemi: Anschlag und Spektakel – Flugblätter der Kommune I, Erklärungen von Ensslin/ Baader und der frühen RAF, in: Thomas Hecken (Hrsg.): Schriften zur Popkultur, Bd. 2, Bochum 2008, Thomas Hecken: Gegenkultur und Avantgarde – Situationisten, Beatniks und 68er, Tübingen 2006, S. 107.

10 Vgl dazu: Wolfgang Kraushar: Die RAF und der linke Terrorismus, Hamburg 2006, Bd. 1 und 2

11 Gerd Koenen: Das rote Jahrzehnt – Unsere kleine deutsche Kulturrevolution 1967-1977, Köln 2001, Butz Peters: Die Geschichte der RAF, Frankfurt am Main 2007.

12 Vgl. Gerd Langguth: Die Protestbewegung in der Bundesrepublik Deutschland 1968 – 1979, Köln 1976, Wolfgang Kraushaar: Fischer in Frankfurt, Hamburg 2001, Wolfgang Kraushaar: Die Bombe im jüdischen Gemeindehaus, Hamburg 2005, Wolfgang Kraushaar, Karin Wieland, Jan Philipp Reemtsma: Rudi Dutschke, Andreas Baader und die RAF, Hamburg 2005.

13 Ulrich Enzensberger: Kommune I, Köln 2004.

14 Rainer Langhans: Ich bins – die ersten 68 Jahre, München 2008, Dieter Kunzelmann: Leisten Sie keinen Widerstand – Bilder aus meinem Leben, Berlin 1998.

den.[15] Des Weiteren liegt eine Aufzeichnung über Fritz Teufel vor, für die der journalistische Duktus Marco Carinis charakteristisch ist.[16] Die Kommunardin Dagmar Seehuber äußerte sich in einer Monografie Ute Kätzels zur Rolle der Frauen in der 68er Bewegung. Sie beleuchtet dabei ihre Rolle in der eher männlich dominierten Kommune I.[17]
Abseits der Kommune I existiert auch eine breite Forschung zum Phänomen ′68. Die Bewegung erfuhr eine Kontextualisierung innerhalb der internationalen Protestgeschichte, denn ′68 ist nicht nur ein deutscher, sondern ein globaler „Flächenbrand", der die Industrienationen westlichen Zuschnitts erfasste.[18] Die Generationenforschung hat ein Übriges geleistet, um dem Konstrukt ′68 auf die Spur zu kommen. Gemeinsam ist der Generation ihre Sozialisation nach „der Stunde Null". Die Jugend gewinnt so an erheblichen Einflussmöglichkeiten. Wissenschaftlich in Augenschein genommen wurden somit die spezifischen Bedingungen, die in Deutschland zur Revolte führten.[19]
Der jugendliche Protest der 68er hat wesentlich zur Erneuerung der Gesellschaft beigetragen und Emanzipationsbestrebungen gesellschaftlicher Randgruppen auf den Weg gebracht. Während die 68er – Chiffre für eine äußerst heterogene Bewegung – themenspezifisch erforscht sind, sind wie bereits angedeutet die Flugblätter der Kommune I dagegen kaum erschlossen. In einigen bereits hier aufgeführten Publikationen wird auf diese verwiesen, allerdings werden sie weder unter historischen noch unter philologischen Gesichtspunkten näher in Augenschein genommen. Dabei sind die Flugblätter, die in den Quellen zur Kommunenforschung abgedruckt worden sind, äußerst leicht zugänglich. Die Aufsehen erregenden Flugblätter zur Warenhausbrandstiftung sind mittlerweile auch im Internet auffindbar.
Nennenswert hierbei ist lediglich Sara Hakemi[20], welche in ihrer Dissertation die Flugblätter zur Brandstiftung untersucht. In ihrer Studie ordnet sie die Flugblätter in den Kontext avantgardistischer Konzepte ein. Allerdings weist diese Dissertation methodisch einige Mängel auf. Eine konzeptionelle Einordnung in das Thema Flugblatt als Medium fehlt vollkommen, und auch mit dem Begriff der Autorschaft der Flugblätter ist die Autorin äußerst unvorsichtig und wenig differenziert umgegangen. Gleiches gilt für das Aufzeigen der „Quellen" der Flugblätter zur Warenhausbrandstiftung, welche ent-

---

15 Aribert Reimann: Dieter Kunzelmann- Avantgardist, Protestler, Radikaler, Göttingen 2009.
16 Marco Carini: Fritz Teufel - Wenn′s der Wahrheitsfindung dient, Hamburg 2008.
17 Ute Kätzel: Die 68erinnen – Protrait einer rebellischen Frauengeneration, Berlin 2008.
18 Ingrid Gilcher-Holtey: Die 68er- Bewegung – Deutschland, Westeuropa, USA, München 2001. Eine Überblicksdarstellung bietet Wolfgang Kraushaar: 1968 – Das Jahr, das alles verändert hat, München 1998, Michael Kimmel: Studentenbewegung der 60er Jahre – Frankreich, BRD und USA, Wien 1998.
19 Jürgen Busche: Die 68er – Biographie einer Generation, Berlin 2003, Heinz Budde: Das Altern einer Generation – die Jahrgänge 1938 – 1948, Frankfurt am Main, 2007.
20 Hakemi: Spektakel, Bochum 2008.

gegen der Behauptung der Wissenschaftlerin existieren. Auch der Literaturwissenschaftler Walther Delabar widmete sich dem Thema „Flugblatt" als Medium. In einem Exzerpt führte er die wichtigsten Fakten zu den Flugblättern der Kommune I zusammen, die auch in dieser Arbeit fruchtbar gemacht werden konnten. [21]
Als äußerst hilfreich hat sich in diesem Kontext auch das aufgrund des Internets leicht zugängliche Axel-Springer-Archiv erwiesen, dass allen Interessierten und Forschenden einen Einblicke in die in der Zeit um 1968 publizierten Zeitungen gewährt, und ohne dies die Ergebnisse der Arbeit sicherlich spärlicher ausgefallen wären.

---

[21] http://www.literaturkritik.de/public/rezension.php?rez_id=11455

2. Die Kommune I

2.1. Keimzelle revolutionärer Praxis

Die Idee zur Gründung einer Kommune wurde bereits 1966 geboren. Insgesamt waren neun Männer, fünf Frauen und zwei kleine Kinder beim „alternativen Arbeitstreffen" in einem bayrischen Landhaus am Kochelsee dabei. In angestrengter Atmosphäre wird hier über revolutionäre Praxis und über Wohnkollektive diskutiert. Dabei nehmen Mitglieder linker Gruppen unterschiedlichster Couleur teil: Nachweislich waren Mitglieder der „Viva Maria Gruppe", der ehemaligen „Subversiven Aktion" und des Berliner SDS-Arbeitskreises „Formierte Gesellschaft" anwesend.[22]

Die theoretische Grundlage bildeten die Schriften von Herbert Marcuses „Der eindimensionale Mensch" und die „Kritik der repressiven Toleranz". Endziel sei „ein neuer Mensch", fähig zum Glücklichsein, zur Liebe und zu nicht entfremdeter Arbeit. Voraussetzung dafür waren eine völlig andere Umwelt und eine total veränderte Gesellschaft, die nicht durch den kapitalistischen Produktionsprozess die Möglichkeit zu nicht entfremdeter Arbeit, durch Sexualunterdrückung die Liebe und durch Werbungsterror und Schaffung von Scheinbedürfnissen die Möglichkeit zum Glück systematisch vernichtete.[23]

Als Vorbild für ein Wohnkollektiv dient dabei das Modell der chinesischen Volkskommunen, das Chefideologe Dieter Kunzelmann ins Feld führt. Aber auch in Frankreich existierte bereits das Modell der „Commune". In seinen Forderungen ist Dieter Kunzelmann die treibende Kraft und vertrat radikale Ansichten: Er forderte die Auflösung aller sozialen Beziehungen, die schließlich in persönlicher Selbstbefreiung münden sollen. Auch die üblichen Alltagsgewohnheiten sollen abgelegt werden.[24]

Er hat konkrete Vorstellungen wie diese Wohnform und die damit verbundene ideologischer Praxis auszusehen hat. Sein favorisiertes Ziel ist es „junge Frauen und Männer um sich zu sammeln, die mit der Perspektive von Anpassung und Karriere gebrochen hatten und bereit waren, das Risiko der Rebellion zu tragen."[25]

Die Kommunarden sollen Abstand zu ihrer gesellschaftlichen Sozialisation und ihrer individuellen Biografie nehmen. Am Ziel dieses Prozesses steht die Vision eines „neuen Menschen", der es geschafft hat, sich aus der gesellschaftlichen Repression zu befreien, somit „gesellschaftliche Bindungen, Festlegungen und Manipulationen" ad acta legt.[26]

---

[22] Lönnendonker, Rabehl, Staast: Revolte, S. 460 ff.
[23] Ebd. S. 304 ff.
[24] Kraushaar: Bilanz, S. 125 ff.
[25] Zitiert nach: Lönendonker, Rabehl, Staast: Revolte, S. 437.
[26] Ebd. S. 434.

Ende November 1966 legt der Geburtshelfer der Kommune I sein theoretisches Konzept „Notizen zur Gründung revolutionärer Kommunen in den Metropolen“ vor. Das Diskussionspapier wurde sowohl im SDS-Landesverband Berlin als auch in der einstigen Münchener und Berliner Abteilung der „Subversiven Aktion“ rezipiert. Fokussiert wurde die Übertragung der Theorie auf die Praxis.[27]

Die Kommunegründung nimmt schließlich konkrete Formen an. Aber nicht alle der politisch Aktiven begrüßen das Vorhaben mit Wohlwollen. Die Clique um den charismatischen Studentenführer Rudi Dutschke und Bernd Rabehl erkennt in der alternativen Lebensgemeinschaft „keine Alternative zur politischen Arbeit im SDS“.[28]

Rudi Dutschke[29] schwebt viel mehr die Errichtung einer „Wissenschaftskommune“ vor.[30] Eine weitere Gruppe um den ehemaligen Jungsozialisten Eike Hemmer, den späteren RAF-Terroristen Jan-Carl Raspe und Jörg Schlotterer antworten mit der Gründung der Kommune 2 im Februar 1967 auf das Vorhaben der Kommune I. Das Arbeitskollektiv verstand sich als „funktionale Einheit zur Ermöglichung von Praxis.“[31]

Dieter Kunzelmanns Pläne nehmen schließlich im Januar 1967 in der Westberliner Wielandstraße Gestalt an.[32] Die Kommune I hat gleich mehrere strategische Ziele entworfen: wissenschaftliche Arbeit, Agitation mit eigenen Zeitschriften, Arbeit mit Sozialschwachen, Beschäftigung mit Vietnam, „Praxis als Methode zur Erkenntnis der Wirklichkeit“.[33]

Den Strategen des SDS steht Kommunarde Dieter Kunzelmann mit Aversion gegenüber, denn „er glaubte, sie wollten sich die Hintertür einer Universitäts- oder Berufskarriere offen halten.“ Der subversive Dieter Kunzelmann lehnt dagegen jegliche Form gesellschaftlicher Anpassung konsequent ab.[34]

Die politischen Gebaren der „Spaß-Kommune“ stoßen allerdings nicht auf Gegenlie-

---

[27] Ebd. S. 307.

[28] Ebd. S. 315.

[29] Aber es waren nicht nur politische, sondern auch private Gründe, die die beiden führenden Köpfe des SDS gegen das Kommuneprojekt anführten. Rudi Dutschke möchte seine Ehe zu Gretchen Dutschke nicht gefährden und auch Bernd Rabehl möchte will seine langjährige Beziehung zu Uschi Jenner nicht lösen und „befürchtete, in einer Therapiegemeinschaft das individuelle Gleichgewicht zu verlieren.“ Vgl. Lönnendonker, Rabehl, Staast, S. 435.

[30] Hecken: Avantgarde, S. 107.

[31] Lönnendonker, Rabehl, Staast: Revolte, S. 315 ff.

[32] Ebd. S. 437.

[33] Kraushaar: Bilanz, S. 129.

[34] Das, was er zunächst seinen Genossen vorwirft, löst er später selbst ein. Jahre später verrät er seine Ideale und wird Mitglied des Berliner Abgeordnetenhauses. Vgl.: Daniel Cohn Bendit, Rüdiger Damman (Hrsg.): 1968 – Die Revolte, Frankfurt am Main 2007, S. 98.

be.[35] Schließlich kommt es zum Eklat: Im Mai 1967 wir die Kommune I aus den Reihen des SDS ausgeschlossen. In einem Referat, das Wolfgang Lefevre auf der Landesversammlung des SDS vorträgt, attackiert er die Wohngemeinschaft scharf. „Die Mitglieder der Kommune I seien weit hinter ihr Wissen zurückgefallen, als sie versuchten isoliert die eigenen autoritären Strukturen, die nur Niederschlag der gesellschaftlichen seien, aufzuheben, ohne jene anzutasten."[36]

Er wirft ihnen „Realitätsflucht" vor, die er aufgrund der „hochschulpolitischen Aktionen" der Kommune I entdeckt zu haben glaubt. Deren Flugblätter 1- 5 changierten zwischen „grenzenloser Überschätzung der ′revolutionären Reife′" und „der völligen Hoffnungslosigkeit, sich überhaupt jemanden verständlich zu machen."[37]

Für Wolfgang Lefevre (SDS) ist „Subjektivität auch ein entscheidender Faktor des revolutionären politischen Prozesses", aber bei den Kommunarden sei „jedoch an die Stelle der Subjektivität Insistenz auf Unmittelbarkeit getreten, die in Bemerkungen wie `was geht mich Vietnam an – ich habe Orgasmusschwierigkeiten` zum Ausdruck komme (...)". Die Kommune I soll aus dem SDS ausgeschlossen werden, denn dies brächte den Verband „sowohl organisatorisch als auch politisch" weiter.[38]

Um die Idiotie des Verfahrens zu unterstreichen, stimmte Rainer Langhans als Mitglied des Berliner Landesvorstands dem Ausschluss und somit seiner eigenen Disqualifikation bei.[39] Vollkommen unberechtigt ist die Kritik des SDS[40] dennoch nicht: Handlungstheoreme und die programmatischen Inhalte der Kommune I bleiben der interessierten Öffentlichkeit verborgen. Statt dessen inszenierten die Mitglieder der Wohngemeinschaft ein Konglomerat aus sexueller Libertinage und politischen Habitus.[41]

Bereits 1969 zeigen sich erste Auflösungserscheinungen der Kommune I, die schließlich auch das Ende der Polit-Pop-Wohngemeinschaft einläuteten. Die Kommune I fällt „gleich in doppelter Hinsicht auseinander, in geografischer wie in konzeptioneller".

---

35 Vgl. Lönendonker, Rabehl, Staarst: Revolte, S. 329. Nach dem Ausschluss der Kommune I aus dem SDS ändert sich trotzdem faktisch nichts am gegenseitigen Miteinander. Die Angehörigen der Wohngemeinschaft nehmen noch immer an den gemeinsamen Mitgliederversammlungen des SDS teil und auch die Kontakte zu den Genossen haben sich nur unwesentlich geändert.

36 Zitiert nach: Ebd., S. 326.

37 Zitiert nach: Ebd., S. 326.

38 Ebd. S. 327.

39 Carini: Teufel, S. 56.

40 Vgl. Thomas Hecken: Gegenkultur, S. 109. Dabei fungiert der berühmt-berüchtigte Ausspruch des Kommunarden Dieter Kunzelmann vielmehr als ein Slogan zur politischen Effekthascherei, wie eine langjährige Freundin in ihren späteren Memoiren belegt. Dieter Kunzelmann schreckt nicht davor zurück, mit intimen, sexuellen Geständnissen hausieren zu gehen. Sexualität tritt als ein Provokationsmittel in Erscheinung, mit dem Wasser auf die Mühlen des bürgerlichen Wertekodexes gegossen wird. Dies lief allerdings der Polit-Strategie des SDS Bundesvorstands zu wieder.

41 Sara Hakemi und Thomas Hecken: Die Warenhausbrandstifter, S. 316- 332, in: Wolfgang Kraushaar (Hrsg.): Die RAF und der linke Terrorismus, Hamburg 2006, S. 316 (Bd.1).

Eine um Dieter Kunzelmann und Fritz Teufel zentrierte Gruppe ist davon überzeugt, dass nur Waffengewalt und der Gang in den Untergrund ein Erfolg versprechendes Konzept seien. Langhans' Kompagnons lehnen diesen Vorstoß allerdings ab.[42]
Während im November die Kommunarden für ein letztes Foto im Stern posieren, legt einer der einstigen Mitstreiter eine Bombe im Jüdischen Gemeindehaus.[43] Ideologisch radikal gründet Dieter Kunzelmann nach einem Trainingsaufenthalt in einem palästinensischen Lager die Tupamaors Westberlin[44]; eine weitere Sektion etabliert Fritz Teufel im Februar 1970 in München. Was für die einen für zum bitteren Ernst wird, ist für die anderen ein spaßiges Spektakel: Rainer Langhans und das Modell Uschi Obermaier ziehen ebenfalls nach München und gründen dort eine Popkommune.[45] Dennoch avanciert die illustere Gemeinschaft schließlich zur Geburtsstätte der antiautoritären Bewegung. Was dort innerhalb des Mikrokosmos ausgelebt worden ist, wird später auch auf sämtliche Bildungseinrichtungen übertragen. Es entstehen sogenannte Kinderläden, freie Schule und sonstige Einrichtungen, in denen die antiautoritäre Erziehung propagiert wird.[46]

2.2. Medien, Kunst und Inszenierung in der Kommune I

In der Wahrnehmung des SDS Kaders avanciert die Kommune I zunehmend zu einer Künstlergruppe, die den Bezug zur Politik und Gesellschaft verliere. Dabei ist die Kommune I auch „das Produkt einer kleinen Strömung westeuropäischer Künstler und Intellektuellen, die in der Tradition von Dadaisten und Surrealisten standen und sich als Situationisten bezeichneten.“[47]
Das Zentrum dieser Situationisten liegt hierbei im Pariser Quartier Latin, ihre Wortführer sind der Franzose Guy Debord und Däne Asger Jorn. Die Situationisten sind nicht der Utopie verfallen, eine neue Lebensweise zu kreieren. Sie unterwerfen sich zwar der kapitalistischen Lebensweise, wollen diese dennoch lebenswerter machen. Angesichts ihres künstlerischen Anspruchs ist das erklärte Ziel, mehr „Leidenschaften“ auszuleben.[48]

---

42 Kraushaar: Bilanz, S. 131.
43 Vgl. Wolfgang Kraushaar: Die Bombe im jüdischen Gemeindehaus, Hamburg 2005.
44 Vgl. Wolfgang Kraushaar (Hrsg.); in: Wolfgang Kraushaar, Die Tupamaros Westberlin, Hamburg 2006, S.512- 531.
45 Kraushaar: Bilanz, S. 131.
46 Ebd.
47 Kraushaar: Bilanz, S. 126.
48 Hakemi: Spektakel, S. 91 ff.

Auch in Deutschland hat die „Situationistische Internationale" seit 1957 einen Ableger. Er kulminiert aus Aktivisten der Münchener Gruppe „Spur". Nach den Schwabinger Krawallen geht 1962 aus der Künstlergruppe die Subversive Aktion hervor, die für ihre provokanten, öffentlichen Aktionen bekannt ist. Die studentische Schar, mit Sektionen in mehreren westdeutschen Städten, schließt sich 1965 dem SDS an.[49]

Nicht zuletzt deshalb bestechen die Angehörigen der Wohngruppen auch aufgrund ihres exaltierten Habitus, ihren provokanten Aktionen und ihren medialen Inszenierungen. Sie integrieren ihre Polit-Attitüden in ihren Alltag, lassen so Kunst und Leben diffundieren. Im gleichen Atemzug wird auch der Gegensatz zwischen Produzent und Rezipient aufgelöst, ihre *actio* erfordert eine *reactio.*[50]

Insbesondere bei den jüngeren SDSlern und der nicht-akademischen Jugend waren sie nicht unbeliebt. Fielen sie doch regelmäßig aufgrund neuer und provokanter Aktionsformen wie „Happenings, Verkleidungen, scheinbare Aufhebung der Geschlechterrollen, Umfunktionieren des deutschen Liedguts, Gewaltlosigkeit bei Demonstrationen, aber auch durch die Versuche nicht-bürgerlicher sexueller Beziehungen in Wohnkommunen" auf.[51]

Dies brachte der Wohngruppe den nötigen Glamour, ließ sie zu Stars der APO avancieren. Nachweislich lasen Fritz Teufel, Dieter Kunzelmann und Rainer Langhans nur noch BZ (Berliner Zeitung) und Bild-Zeitungen, die aus dem Hause Springer kommen. Das Spiel mit den Meinungsmachern beherrschten die Polit-Stars perfekt. Wenn die Springer Presse über die Kommunarden berichtet hatte, so war auch „die Revolution auf dem Vormarsch."[52] Die Mitglieder der Wohngruppe verstanden es, die manipulativen Mechanismen der Springer Presse aktiv zu nutzen und sie für ihre Zwecke zu „missbrauchen". Fritz Teufel bemerkte dazu: *„Nichts versüßte Kommunefrühstücke mehr, als die farbigen Berichte der Springerpresse über unsere Aktionen."*[53]

---

[49] Kraushaar: Bilanz, S. 127. Vgl. hierzu ebenfalls: Alexander Holmig: Die aktionistischen Wurzeln der Studentenbewegung – Subversive Aktion, Kommune I und die Neudefinition des Politische, in: Martin Klimke, Joachim Scharloth (Hrsg.) 1968 – Handbuch zur Kultur- und Mediengeschichte der Studentenbewegung, Stuttgart 2007, S. 107 ff.

[50] Vgl.: Hakemi, Spektakel, S. 87.

[51] Vgl. Kraushaar: Bilanz, S. 129. Auch das vollkommen unpolitische Modell Uschi Obermaier, dass mit Rainer Langhans liiert war und gegen Ende des Jahres 1968 in die Kommune 1 einzieht, trägt nicht unwesentlich zur Popularität der Wohngemeinschaft bei. Ist ihre Präsenz doch ein willkommener Anlass für die Berichterstattung in der Boulevard- und Regenbogenpresse.

[52] Lönendonker, Rabehl, Staarst: Revolte, S. 317.

[53] Fritz Teufel, zitiert nach: Carini: Teufel, S. 48.

2.3 Symbolisch-progressiv – das Gewaltverständnis der Kommune I

Auch wenn die Mittel, mit denen die „Spaßvögel“ der Kommune I und die Genossen des SDS Politik machten sich unterscheiden, so dürfte das Politikverständnis der APO in ihren wesentlichen Zügen dennoch synonym sein. Sie legitimierten beide ihr Gewaltverständnis mit dem Credo, dass die Entrechteten nicht für ihre Rechte eintreten können, da diese eine strukturelle Benachteiligung erfahren. Gewalt erzeugt Gegengewalt – aufgrund dieses Verständnisses resultiert die Vorreiterstellung der Kommune I. Getreu einer *actio,* die eine *reactio* fordert, reagieren die Akteure auf vermeintlich bereits gegebene Tatbestände. Die Aktivisten der Kommune I begreifen sich als eine Avantgarde, die mit Berufung auf ihre situationistischen Wurzeln und somit mit einem künstlerisch-literarischen Politikverständnis für die Entrechteten einstehen will. Dazu bedarf es eines Klimas, indem Selbstbewusstsein – wenn nicht gar Narzissmus – einer Führungsclique immanent ist.

Mit Aktionen, die Gewalt gegen Sachen intendierten und somit nicht gänzlich gewaltfrei waren, hatte die APO bereits Furore gemacht. Der SDS hatte eine Plakataktion „Amis raus aus Vietnam“ initiiert und protestierte im Februar 1966 gegen den Einsatz von Napalm-Bomben in Vietnam.[54] Der Protest richtete sich aber auch gegen Giftgasangriffe. Dabei legten sie den Straßenverkehr durch einen Sitzstreik lahm und bewarfen das Amerikahaus mit Eiern. Im Februar 1968, somit entsprechend nach der Hochzeit der Flugblätter der Kommune I, fand in West-Berlin der Internationale Vietnam-Kongress statt, auf dem sich auch theoretisch mit der Frage der Gewalt und des Kampfes auseinander gesetzt wurde. Quintessenz des Kongresses war, dass es eine globale, oppositionelle Bewegung geben müsse, um sich dauerhaft durchzusetzen. [55]

Die Gewalt übte eine geheime Faszination auf die Revoltierenden aus. Spätestens seit dem Tod Benno Ohnesorgs war die Zeit der Achtsamkeit vorbei, es begann die Zeit der Regelverletzungen und Grenzüberschreitungen. Am 02. Juni 1967 wird der Student Benno Ohnesorg bei einer Demonstration gegen den Schah von Persien von dem Polizisten Karl-Heinz Kurras erschossen. Der 39-jährige Kriminalobermeister wird später vom Verdacht der fahrlässigen Tötung frei gesprochen. In der Urteilsbegründung heißt es, dass es unklar sei, *„daß er in seiner Situation und bei seinen individuellen Fähigkeiten anders hätte handeln und damit die Abgabe des Schusses hätte vermeiden können.“*

---

[54] Oskar Negt: Achtundsechzig- Politische Intellektuelle an die Macht, Göttingen 2001, S. 61.
[55] Negt: Achtundsechzig, S. 61.

[56] Der Freispruch heizte die studentischen Proteste zusätzlich an und verstärkte die Wut auf den bundesdeutschen Rechtsstaat. Was als ziviler Ungehorsam begann, mündete schließlich im Widerstand. *"Protest ist, wenn ich sage, das und das passt mir nicht. Widerstand ist, wenn ich dafür sorge, dass alle anderen auch nicht mehr mit machen"*, schrieb die Kolumnistin Ulrike Meinhof über den Bürgerrechtler Dale A. Smith in Konkret und bezog sich auf eine Aussage auf dem Vietnam Kongress. [57]

Die Gewaltfrage hatte sich bereits empfindlich gestreut. Der Protest gegen das System kulminiert in der Wahrnehmung der institutionellen Träger zu einem allgemeinen Ausdruck von Militanz. Es wird nicht mehr zwischen Störungen von Vorlesungen, Sitzblockaden oder Steinen, die auf Polizisten geworfen werden, differenziert. Als Gewalt wird nunmehr alles gebrandmarkt, was dazu dient, die gesellschaftlichen Strukturen infrage zu stellen.[58]

Hinter der Praxis verbirgt sich allerdings auch ein theoretisches Konzept. Die Gewalt sei strukturell bedingt und in jeder Gesellschaftsform ad hoc angelegt. Für Rudi Dutschke existiert ein Gewaltzusammenhang, der in den Territorien der Dritten Welt offen auftritt, in den Territorien der Ersten Welt allerdings nur marginal in Erscheinung tritt. Dennoch offenbare das System nicht nur in Politik und Justiz, sondern aufgrund seines ganzen institutionellen Charakters seinen Gewaltcharakter.[59] Allerdings ist hier ganz im Sinne Rudi Dutschkes der Gewaltbegriff systemimmanent. Es gelte, *„durch systematische, kontrollierte und limitierte Konfrontation der Staatsgewalt und dem Imperialismus in Westberlin die repräsentative Demokratie zu zwingen, offen ihren Klassencharakter, ihren Herrschaftscharakter zu zeigen, sie zu zwingen, sich als >Diktatur der Gewalt< zu entlarven."* [60]

Auch die Späße der Kommune I entsprechen im stillen Einvernehmen auch jenen des „Berufsrevolutionärs". Rudi Dutschke und die Kommune I agieren somit im Sinne Herbert Marcuses, denn in den *Zentren der Zivilisation herrscht faktisch Gewalt. Sie wird ausgeübt durch die Polizei, in Straf- und Irrenanstalten, im Kampf gegen rassistische Minderheiten; sie wird von den Verteidigern der „freien Welt" in die rückständigen Gegenden getragen.* Dabei wären es gerade die *Schwachen,* denn *Gewaltlosigkeit wird den Schwachen normalerweise nicht nur gepredigt, sondern abgezwungen – sie ist mehr*

[56] Ebd.
[57] Ebd.
[58] Ebd.
[59] Wolfgang Kraushaar, Karin Wieland, Jan Philipp Reemtsma: Rudi Dutschke, Andreas Baader und die RAF, Hamburg 2005, S. 38.
[60] Negt: Achtundsechzig, S. 61.

Notwendigkeit als eine Tugend, und normalerweise gefährdet sie die Interessen der Starken nicht ernstlich. [61]

Gemäß des Leitsatzes, *die Beseitigung von Gewalt und die Verringerung von Unterdrückung sind die Vorbedingungen einer humanen Gesellschaft (Herbert Marcuse)*[62], versucht die Kommune I auf vermeintlich gesellschaftliche Missstände aufmerksam zu machen. Denn ganz im seinem Sinne sei eine humane Gesellschaft bisher non-existent, denn *als Abschreckungsmittel gegen einen nuklearen Krieg, als Polizeiaktion gegen Umsturz, als technische Hilfe im Kampf gegen Imperialismus und Kommunismus, als Befriedung in neokolonialistischen Massakern werden Gewalt und Unterdrückung gleichermaßen von demokratischen und autoritären Regierungen verkündet, praktiziert und verteidigt und den Menschen, die diesen Regierungen unterworfen sind, wird beigebracht, solche Praktiken als notwendig für die Erhaltung des Status quo zu ertragen.*[63]

Diese institutionelle Gewalt und das Konzept der Gegengewalt werden konkludierend auch von weiteren Intellektuellen hofiert, zu nennen ist in diesem Kontext im besonderen Walther Benjamin. Für Benjamin ist die Gewalt dann legitim, wenn sie der Schaffung gerechter Verhältnisse dient. Die Staatsgewalt ermögliche dem Individuum Partizipation und die Ausübung von Rechten, *da der einzelne an und für sich und vor Abschluss eines solchen vernunftmäßigen Vertrages jede beliebige Gewalt, die er de facto innehabe, auch de jure ausübe.*64 So postuliert Benjamin weiter, dass eine *völlig gewaltlose Beilegung von Konflikten niemals auf einen Rechtsvertrag hinauslaufen kann. (...) Denn er verleiht jedem Teil das Recht, gegen den anderen Gewalt in irgendeiner Art in Anspruch zu nehmen, falls dieser vertragsbrüchig werden sollte.* [65]

Gewalt sei ein *Naturrecht*. Sie sei ein *Naturprodukt, gleichsam ein Rohstoff, dessen Verwendung keiner Problematik unterliegt, es sei denn, dass man die Gewalt zu ungerechten Zwecken missbrauche.*[66] Und weiter: *Ist Gerechtigkeit das Kriterium der Zwecke, so Rechtmäßigkeit das der Mittel.*[67] Gewalt ist legitim, wenn sie gerecht ist. In diesem Sinne heiligt der Zweck die Mittel. Auch für Herbert Marcuse erblickt in der Gewalt selbst ein notwendiges Mittel zur Demontage von Gewalt. Es ist ein Paradoxon, allerdings diene die Gewalt der Befreiung *unterdrückter Minderheiten*. Ziel ist es, einen

---

[61] Ebd.
[62] Marcuse: Toleranz, S.93 ff.
[63] Ebd.
[64] Walter Benjamin: Zur Kritik der Gewalt und andere Aufsätze, Frankfurt am Main 1965, S. 30.
[65] Negt: Achtundsechzig, S. 61.
[66] Ebd.
[67] Ebd.

Zustand zu schaffen, in dem die Gewaltspirale schließlich durchbrochen werden kann.[68] Er spricht von einem „Naturrecht" auf Widerstand, *außergesetzlich Mittel anzuwenden, sobald sich die gesetzlichen als unzugänglich herausgestellt haben. Denn, Gesetz und Ordnung sind immer und überall Gesetz und Ordnung derjenigen, welche die etablierte Hierarchie schützen (...).*[69] Somit schafft sich die APO auch eine intellektuelle Grundlage und benutzt philosophische Theorien, um ihr Selbstverständnis zu legitimieren.[70] Ihr Weltbild bestimmt die Maxime, dass der kapitalistische Staat Produzent der Gewalt sei. Gleichzeitig enthält die autoritäre Bundesrepublik auch faschistische Implikationen. Allerdings haben die Mitglieder der APO, da sie in den letzten Kriegsjahren oder nach Kriegsende geboren worden sind, die systemimmanente Gewalt niemals kennengelernt – ganz im Gegensatz zur Generation davor. Allein die Tatsache, dass die Kommune I ihren Protest lautstark artikulieren konnte, spricht gegen die These eines autoritären, faschistischen Staats. Trotzdem gilt die Gesellschaft Ende der 1960er Jahre als restriktiv und starr. Die Kommunarden sind als Anhänger einer progressiven Gewalttheorie zu klassifizieren, allerdings nur auf einer theoretisch-symbolischen Ebene. Getreu dieser Diktion formuliert auch APO Philosoph Oskar Negt, gleichzeitig ein Assistent von Habermas, sein Verständnis von reaktionärer Gewalt. *Reaktionäre Gewalt* sei *die Zerstörung eines vietnamesischen Dorfes durch die Amerikaner.* Progressive Gewalt habe dagegen einen anderen Impetus. *Das Niederbrennen und Plündern amerikanischer Warenhäuser durch Minderheiten (...).*[71]

Bemerkenswert ist dabei, dass die Idee eines politischen Brandanschlags schon länger in der linken Szene bekannt ist. Nachweislich wusste Rudi Dutschke, wie aus seinem Nachlass hervor geht, dass bereits 1926 in Wien ein "Justizpalast" in Brand gesteckt wurde, in welchem auch politische Terrorprozesse verhandelt wurden. Aus Solidarität verhinderten Demonstranten anschließend, dass die Feuerwehr den Brand löschen konnte.[72]

---

[68] Ebd.
[69] Ebd.
[70] Ebd.
[71] Ebd.
[72] Ebd.

3. Das Flugblatt als Medium

3.1. Das Flugblatt

Bereits im 15. Jahrhundert existierte das Flugblatt nachweislich als Medium. Neben Büchern, Kalendern, offiziellen Drucken für Kirche, Staat und Höfe existierten bereits Flugschriften, Flugblätter und Flugzeitungen. Die Vorläufer des Flugblatts waren sogenannte Akzidenzdrucke (Gelegenheitsdrucke). Dies waren nicht periodische Drucke, die eine bestimmte Auflage nicht überschritten. Drucker verbesserten schon frühzeitig mit diesen Drucken ihr Zubrot.[73]

Traditionell gehören Flugblätter als Medium zur „Einblattgruppe". Zur gleichen Gruppierung zählen auch die Plakate. Charakteristischerweise gaben die Flugblätter das aktuelle Tagesgeschehen wieder, allerdings aufgrund des Platzmangels nur in begrenzter Form. Dabei wurden sie meistens im Einzelverkauf vertrieben und waren nur einseitig bedruckt. Inhaltlich wurde ein spezielles, relevantes Ereignis thematisiert. Historisch betrachtet behandeln sie ein sehr weites Spektrum, welches sich ad hoc nicht spezifizieren lässt.[74]

Auch noch fünf Jahrhunderte später erfreute sich das Flugblatt großer Beliebtheit. Im Haushalt der Kommunarden erlebte es eine weitere Renaissance. Bei ihnen waren die objektiven Kriterien für ein Flugblatt seit jeher gegeben: Die Flugblätter wurden einseitig beschriftet und in Eigenregie vertrieben. Die Vorteile gegenüber anderen Medien, einmal ganz davon abgesehen, dass den Kommunarden schlicht das technische Equipment fehlte, liegen eindeutig auf der Hand: Ein Flugblatt ist schnell und relativ einfach zu produzieren, zu vervielfältigen und zu publizieren. Dies impliziert einen geringen Aufwand und geringe Materialkosten. Des Weiteren ist die Distribution leicht darstellbar. Die Schreiber können ein bestimmtes Thema platzieren, welches im Vorfeld als Aufmacher identifiziert wurde. Der Leser hat somit nicht die Möglichkeit, zwischen einzelnen Berichten eine Selektion vorzunehmen. Dabei ist ein Handzettel zielgenau verteilbar. Er wird jenes Publikum erreichen, welches die Autoren vorher als Leser und somit als Zielgruppe identifiziert haben. Die Intention des Autorenkollektivs wird ebenfalls befriedigt: Das Spiel mit den Medien funktioniert. Auch ist es nicht das professionelle Design, welches der Garde Publicity beschert, es ist vielmehr der heikle Inhalt.

---

[73] Rudolf Stöber: Deutsche Pressegeschichte. Von den Anfängen bis zur Gegenwart, Konstanz 2005, S. 34.

[74] Stöber: Pressegeschichte, S. 35.

3.2. Die Urheberschaft

In der Forschung bisher weitestgehend unbehandelt ist die Frage nach der Urheberschaft. Die Kommune I verbürgte sich in der Öffentlichkeit als Autorenkollektiv. Dies bestätigte auch der wegen Aufforderung zur Menschen gefährdenden Brandstiftung angeklagte Fritz Teufel, indem er die auf die von einem *Autorenkollektiv* verfassten Flyer verwies. Die Kommune I ist somit im Sinne des Presserechts verantwortlich für das geschriebene Wort ist.[75] Dies mag außenperspektivisch betrachtet sicherlich richtig sein, innenperspektivisch ist diese Ansicht allerdings indifferent. Für einzelne Flugblätter fühlten sich auch einzelne Schreiber verantwortlich bzw. haben diese maßgeblich entworfen und gestaltet.[76] Einige Indizien verweisen auf diesen Umstand. So bemerkt Bommi Baumann in seinen Memoiren: *„Ich wollte auch damals das Flugblatt in der KI machen. Roy Clark sei einer von uns, er soll kommen, uns zu helfen, dass der ganz in Ordnung ist, und dass der auch einen Praxisbereich erkannt hat, aber die anderen waren dagegen.“*[77] Dies lässt den Schluss zu, dass die Ideen meistens von einer Person ins Spiel gebracht wurden. Im Kollektiv wurde dann über die Realisierbarkeit eines Projektes diskutiert. Die Flugblätter zur Kaufhausbrandstiftung in Brüssel[78] – eine Ausnahme bildet das Flugblatt neun – gehen auf das schriftstellerische Konto Dieter Kunzelmanns zurück.[79] Das *lyrische* Flugblatt *REVOLUTION IN ROSÉ REVOLUITION IN ROT* ist nachweislich die Arbeit von Rainer Langhans und Dagrun Enzensberger. Auch bei Ulrich Enzensberger finden sich weitere Hinweise zur Urheberschaft. So geht das *Ostermarschierer, Ostermärtyrer* Flugblatt auf Fritz Teufel zurück[80], *ein kleines Meisterwerk,* dem *wir anderen nur geringfügige Verbesserungen beisteuerten. (Enzensberger)*[81] Gleiches gilt für das *Studenten, Lahmärsche und Karrieremacher* Flugblatt[82], dass ebenfalls von Fritz Teufel realisiert wurde.[83] Auch Individuen, die nicht zum festen Kern der Wohngemeinschaft gehörten, konnten die Schriften ebenfalls mitgestalteten.

---

75 Carini: Teufel, S. 74.

76 Dies bestätigte zumindest Rainer Langhans in einer E-Mail an die Verfasserin.

77 Bommin Baumann: Wie alles anfing, München 1975, S. 29.

78 Interessant an der Causa Dieter Kunzelmann ist, dass er als "Drahtzieher" stets seine Vorhaben durchsetzen konnte, diese allerdings niemals selbst ausführte. Wolfgang Kraushaar konnte in seinem Buch zur "Bombe im jüdischen Gemeindehaus" nachweisen, dass er die Idee maßgeblich ins Spiel brachte. Die Ausführung oblag allerdings Albert Fichter. Ähnliches gilt für das Verfassen der Flugblätter zur Kaufhausbrandstiftung. Er gilt als der eigentliche Verfasser (Ausnahme Flugblatt 9), angeklagt werden zunächst Rainer Langhans und Fritz Teufel.

79 Carini: Teufel, S. 57.

80 Ostermarschierer, Ostermärtyrer; in: Kommune I - Quellen zur Kommuneforschung, Berlin 1967.

81 Enzensberger: Kommune I, S. 112.

82 Studenten, Lahmärsche und Karrieremacher (Flugblatt 2); in: Kommuneforschung, Berlin 1967.

83 Enzensberger: Kommune I, S. 128.

Bei der Gestaltung der *Pressemitteilung*[84], beteiligte sich auch der *agent provocateur* des Verfassungsschutz Peter Urbach an den Formulierungen.[85]

Getreu ihres exaltierten Habitus ging die Kommune I auch mit der Autorschaft ihrer Postulate spielerisch um. Für die Tatsache, dass die Flugblätter von unterschiedlichen Personen realisiert, verfasst oder geschrieben worden sind, spricht ebenfalls die Tatsache, dass die Orthografie und Zeichensetzung nicht einheitlich ist. Teilweise werden die Überschriften der Flugblätter nur mit Majuskeln abgefasst, dann wieder sind sie orthografisch korrekt geschrieben. Auch die Zeichensetzung ist chargierend. Auf einigen Flugblättern befinden sich Leerzeichen zwischen den Satzeichen, in anderen wiederum nicht. Dies spricht gegen eine einheitliche Rechtschreibung, allerdings unterstützt es die eben genannte These.

Bis einschließlich Flugblatt 5[86] sind die Schriften mit SDS unterzeichnet. Dieser Umstand, dass sich die Kommune I nicht explizit als Wohngruppe outete, sondern für den ganzen SDS zu sprechen schien, brachte ihr den Ausschluss aus dem Studentenverband ein. Die Kommune I antwortet bereits mit einem satirischen Flugblatt, dass sie vor der eigentlichen Abstimmung über ihre Demontage verteilte: *„Die Kommune ist tot – es lebe der SDS“.*[87] Allerdings ist dieses Flugblatt nicht als solches gekennzeichnet, denn es weist nicht die für das Autorenkollektiv sonst so typischen Nummerierungen auf. Dieser Umstand ließe sich damit erklären, dass es sich lediglich um Interna zwischen Kommune I und dem SDS handelt und der satirische Inhalt nicht für ein breites Publikum bestimmt ist.

3.3. Die thematische Anordnung

In den zwei Jahren des aktiven Bestands der Kommune I hat das Autorenkollektiv 39 Flugblätter publiziert, wobei 26 mit Zahlen versehen sind. Auch wenn es eins der nicht nummerierten Flugblätter ist, so identifiziert Ulrich Enzensberger das Flugblatt zum Berliner Ostermarsch 1967 am 26.03.1997 als ein Flugblatt der Kommune I. Wenn man

---

84 Pressemitteilung (ohne Nummerierung); in: Kommuneforschung, Berlin 1967.
85 Enzensberger: Kommune I, S. 194.
86 Vgl: MUSS SICH DER ASTA ÄNDERN, DAMIT DIESE UNIVERSITÄT ERTRÄGLICH WIRD ? (Flugblatt 1), Studenten, Lahmärsche und Karrieremacher (Flugblatt 2), Ein Sommermärchen (Flugblatt 3), Noch eine Antwort des SDS an Rektor Lieber (Flugblatt 4) und Wer soll uns noch glauben? (Flugblatt 5), in: Ebd.
87 Enzensberger: Kommune I, S. 129.

so will – und das „Fachidioten Flugblatt“ nicht in den Flugblätterbestand einordnet[88], so war dies die eigentliche Geburtsstunde der Kommune I. Denn in diesem Kontext gingen die Kommunarden *zum ersten Mal zur Aktion über.*[89] Ob dagegen das gerade erwähnte „Fachidiotenflugblatt“ zum Bestand der Kommune Flugblätter hinzugezählt werden kann, ist fragwürdig. Zunächst einmal ist es bereits am 26. November 1966 und somit vor der eigentlichen Gründung der Kommune I verfasst und verteilt worden. Es ist mit *Provisorisches Komitee zur Vorbereitung einer studentischen Selbstorganisation* unterschrieben. Des Weiteren entspricht es formal nur bedingt der Diktion der späteren Kommune I. In seinen Memoiren verweist Enzensberger auf die bald anstehende Kommunegründung, rechnet das Flugblatt allerdings nicht explizit dazu. Vielmehr thematisiert er die Folgen des studentischen Auftritts. Der Rektor der FU, Hans-Joachim Lieber, sprach von einem „terroristischen Akt“.[90]

Das Erste mit einer Zahl versehene Flugblatt ist am 3. Mai 1967 publiziert worden, das Letzte nummerierte Flugblatt am 27. September 1967. Es folgen noch drei weitere Flugblätter ohne Nummerierung, die alle zu konzeptionellen Ereignissen Bezug nehmen. Diese „Nachzügler“ sind datiert auf den 06.10.1967, 06.04.1968 und den 21.06.1968. Somit beläuft sich ihre Schaffenskraft auf eine aktive Zeit von nur fünf Monaten, in summa eine denkbar kurze Zeit um eine derartige politische Sprengkraft zu kreieren.[91]

Offensichtlich wurden die Flugblätter mit einer Wachsmatritzendruckmaschine produziert, die nach circa 1000 Exemplaren abgenutzt war. Dies lässt den Schluss zu, dass die Auflage diese Anzahl nicht überschritten haben dürfte. Zudem hat die Kommune I oftmals mehrere Flugblätter gleichzeitig entworfen. Eine Ausnahme bilden dagegen das Flugblatt 10, welches ein Konglomerat verschiedener BZ Artikel darstellt und die beiden Steckbriefe, die im Offsetdruck hergestellt wurden. Das Flugblatt 9 stellt aufgrund der Tatsache, dass es handschriftlich verfasst worden ist, ebenfalls eine Anomalie dar. Von ihm existieren sogar zwei Varianten, was unter Umständen auf eine höhere Auflage verweisen könnte, vorausgesetzt es handelt sich bei der zweiten Variante nicht um eine Nachschrift. Eine weitere Anomalie ist Flugblatt 25, denn es lässt sich in Flugblatt 25/I und 25/II unterteilen.[92] Es wäre theoretisch in der Mitte faltbar, weil für dieses Flugblatt ein anderer Zuschnitt gewählt wurde als die sonst üblichen. Die Grafik der

[88] Von diesem Gespräch haben wir nichts zu erwarten, in: Kommuneforschung, Berlin 1966.
[89] Enzensberger: Kommune I, S. 110.
[90] Ebd. S. 84.
[91] http://www.literaturkritik.de/public/rezension.php?rez_id=11455; letzter Zugriff: 23.09.2010, 14:20.
[92] Berlin, Kudamm – Samstag der 12. Juli (Flugblatt 25); in: Kommuneforschung, Berlin 1967.

Flugblätter offenbart derweil kein besonders auffälliges Design. Illustrativ ist da schon eher die nachlässige Orthografie, die Gliederung in Abschnitte, die Gestaltung mit Einrückungen oder Versalien. Unabhängig der Tatsache, dass die Flugblätter mit bemerkenswert einfachen Mitteln produziert worden sind, weisen sie dennoch nur minimale gestalterische Elemente auf. Für eine derartige soziale Gruppe, die auf Kreativität und Provokation setzt, ist die schwache grafische Komposition eher ungewöhnlich.[93]

Die Nummerierungen dokumentieren einerseits den chronologischen Verlauf der Kommune I Aktionen, andererseits ist es eine Art *corporate design.* Aufgrund der Zahlen sind die Flugblätter für Außenstehende leicht als Produkt der Kommune I zu identifizieren. Sie fungieren als eine Art Emblem mit Wiedererkennungswert, dieser Standard wird allerdings im chronologischen Verlauf durchsetzt. Die Steckbriefe und die *Pressemitteilung* zum Löbe Begräbnis weichen von diesem *corporate design* ab. Mit Flugblatt 26 endet die Bezifferung vollständig, unmittelbar danach wird die Produktion von Flugblättern gänzlich eingestellt – mit Ausnahme der zwei Handzettel des Jahres 1968. Das Flugblatt „Unser Willy“ schließt sich zwar noch konstruktiv und zeitnah an die bereits erstellten Flugblätter an, dies gilt allerdings nicht mehr für die noch im Folgejahr produzierten Handzettel. Das Jahr 1968 hat die Kommune I scheinbar kalt gelassen. Sie versäumt es, zu den großen medialen Ereignissen, wie die Kaufhaus Brandstiftung am 02. April 1968, das Attentat auf Rudi Dutschke, am 11. April 1968 und den eskalierenden Osterunruhen Stellung zu beziehen.[94]

Die Handzettel lassen sich zudem thematisch ordnen und offenbaren so einen gewissen Kampagnencharakter. Sie beziehen sich immer auf ein bestimmtes mediales Ereignis: Auf die Urabstimmung in der FU (03.05.) entfallen fünf, auf den Warenhausbrand in Brüssel (24.05.) vier, auf den Schahbesuch (30.05.-01.06.)[95] sechs Flugblätter und in weiteren fünf Flugblättern wird der Prozessauftakt gegen Teufel und Langhans thematisiert. Mit ihren ersten Flugblättern, die zunächst nur das studentische Umfeld behandeln, implementiert sich die Kommune I als Akteur auf der politischen und medialen Bühne. Schon bald nutzt sie den gesellschaftlichen Raum für ihre Polit-Späße. Und gewinnt dabei mehr und mehr an Kontur. Was zunächst noch relativ harmlos beginnt, steigert sich schließlich zu einer beißenden Politsatire.

Anhand der Zahl der Flyer ist ersichtlich, dass offensichtlich der Schahbesuch mit sechs Flugblättern die größte mediale Präsenz der Kommunarden erfahren hat. Zum Tod von

---

93 http://www.literaturkritik.de/public/rezension.php?rez_id=11455, letzter Zugriff: 23.09.2010, 14:47.

94 http://www.literaturkritik.de/public/rezension.php?rez id=11455,letzter Zugriff: 24.09.2010, 11:12.

95 Der Schah besuchte am 02.06.1967 den Westteil der Stadt Berlin.

Benno Ohnesorg, der wesentlich zur Radikalisierung der Studenten beigetragen hat, wurde kein extra Flugblatt verfasst. Allerdings verweisen die Kommunarden am Rande und mit bitterem Hohn auf den Tod des Studenten: *„Der Teufel hat den Polizisten Ohnesorg erschossen"* heißt es in Flugblatt 25/II und *„ihm wäre das mit Ohnesorg bestimmt nicht passiert"* in „Unser Willy." Auch ansonsten lässt sich anhand der Flyer auf die politsch-mediale Arbeit der Polit-Stars schließen. Zwei Flugblätter, die am 28.06. entstanden sind, namentlich Flugblatt 16 und 17[96], lassen sich thematisch zur Gruppe des Prozessauftakts opponieren. Gleiches gilt für das Flugblatt 25, mit dem die Freilassung von Fritz Teufel aus der Haft zelebriert wurde und die Steckbriefe. Diese sind vermutlich ebenfalls im Juni – und somit im Kontext der Verhandlungen um Fritz Teufel – entstanden.[97]

Die Steckbriefe sind somit eine Sonderform und weichen von den klassischen Flugblättern der Kommune I ab. Wie bei einem Fahndungsplakat wird die gesuchte Person beschrieben und der Tatvorwurf thematisiert.[98] Dieser Diktion folgend, ließen sich allerdings auch die von der Kommune I verfasste Pressemitteilung und ihr Rundbrief auf ein konkretes Datum beziehen. Dies ist der 09.08., der Tag der zentralen Trauerfeier für den verstorbenen Paul Löbe. Auf dieses Datum entfallen zwei Handzettel, die allerdings stilistisch – *corporate design* – nicht in jedem Merkmal mit den Flugblättern der Kommune I übereinstimmen. Auch das (Nachzügler-) Flugblatt „Unser Willy", dass circa eine Woche später als Flugblatt 26 entstanden ist und ebenfalls keine Bezifferung aufweist, thematisiert den Besuch Willy Brandts in der FU. Bezogen wird sich somit auf den 6. Oktober 1967. Würde man eine inhaltliche Zuordnung vornehmen, so wären es in allen drei Fällen sozialdemokratische Politiker, die aufs Schärfste diskreditiert werden.

In ihren Flugblättern bezieht sich die Kommune I stets auf ein medial relevantes Thema und bereitet dieses nach ihren individuellen Vorstellungen auf. Aduiatur altera pas – die Kommunarden etablieren eine Form der Gegenöffentlichkeit, sie versuchen mit ihren Flugblättern, die Medien zu unterlaufen. Öffentliche Wirksamkeit ist ein zentrales Element ihrer revolutionären Praxis. Diese wurde mit Aktionen und Provokationen - nicht zuletzt auch mit ihren aggressiven Flugblättern – hergestellt. Ein großes Publikum zu erreichen ist allerdings aufgrund des fehlenden technischen Equipments kaum möglich. Anstatt eine höhere Auflage zu produzieren, erstellten die Schreiber gleich mehrere

---

[96] Lasst den Teufel frei, sonst ist er los! (Flugblatt 16), Macht Euch einen schönen Prozess – ruft zur Brandstiftung auf! (Flugblatt 17); in: Kommuneforschung, Berlin 1967.

[97] http://www.literaturkritik.de/public/rezension.php?rez_id=11455; letzter Zugriff: 24.09.2010, 12:14.

[98] Vgl, dazu: Steckbrief – gesucht wird Dr. jur. Diether Dehnicke, in: Kommuneforschung, Berlin 1967.

Varianten.[99] Außerdem nutzen sie die etablierten Massenmedien als „Protestforum". Dennoch ist die mediale Stoßrichtung der einzelnen Blätter eine andere. Dies lässt sich sehr gut anhand der Flyer zum Warenhausbrand aufzeigen: Während Flugblatt 6[100] in Analogie eines Presseartikels verfasst worden ist, so arbeitet Flugblatt 7[101] mit Werbestrategien. Flugblatt 8[102] ist dagegen im Stil einer Anklageschrift verfasst, Flugblatt 9[103] beinhaltet lyrische und lautmalerische Elemente. Auch inhaltlich sind die Flugblätter chargierende: Thematisiert wird die Invasion der Amerikaner in Vietnam thematisiert, es diskreditiert die freiheitliche demokratische Grundordnung und die deutsch-amerikanische Freundschaft diskreditiert und weitreichende Kritik am Konsum geübt.
Die Flugblätter bauen thematisch aufeinander auf, ohne dabei vollkommen identisch zu sein. Auch aufgrund der Wortwahl lassen sich Bezüge zwischen den einzelnen Texten erstellen. Beispielsweise operieren die Kommunarden in Flugblatt 18[104] mit dem Neologismus *Zündelfriederprozess.* Daran schließt sich die Wortgruppe *Zünderfriederteufel* und *Zündelfrieder* in Flugblatt 19.[105] Auf Flugblatt 21[106] findet sich z.B. der Verweis vgl. Flugblatt 20.[107] Ein zusätzliches Resultat entstand durch die Bezifferung der Handzettel. Um als Empfänger im „Bilde" zu sein, musste sich dieser möglichst alle Varianten der Handschrift aneignen. Somit können Synergien erzeugt werden, die das fehlende technische Know-How zumindest teilweise kompensiert.[108]

---

99 Enzensberger: S.142.
100 Neue Demonstrationsformen erstmals in Brüssel erprobt (Flugblatt 6), in: Kommuneforschung, Berlin 1967.
101 Warum brennst Du Konsument (Flugblatt 7), in: Kommuneforschung, Berlin 1967.
102 Wann brennen die Berliner Kaufhäuser? (Flugblatt 8), in: Kommuneforschung, Berlin 1967.
103 REVOLUTION IN ROSE REVOLUTION IN ROT (Flugblatt 9), in: Kommuneforschung, Berlin 1967.
104 HAST DU STREICHHÖLZER HAST DU FEUER (Flugblatt 18), in: Kommuneforschung, Berlin 1967.
105 Zehn Minuten, die die Welt eines Richters erschütterten... (Flugblatt 19), in: Kommuneforschung, Berlin 1967.
106 LASST NICHT NUR EINE LUFTBLASE PLATZEN SONDERN TAUSEND! (Flugblatt 21), in: Kommuneforschung, Berlin 1967.
107 Jeder Branstifter sein eigener Feuerwehrmann (Flugblatt 20), in: Kommuneforschung, Berlin 1967.
108 http://www.literaturkritik.de/public/rezension.php?rez_id=11455, letzter Zugriff: 24.09.2010, 13:38.

4. Die Flugblätter zur Kaufhausbrandstiftung

4.1. Flugblatt 6 – die berichtende Variante

„Kommune I – Quellen zur Kommuneforschung“ schon im Titel schwingt ein Hauch von Überheblichkeit, Satire und Arroganz mit. Bereits damals prophezeiten die Kommunarden, dass sie eines Tages zum Forschungsgegenstand avancieren würden. Trotz aller Exaltiertheit – Unrecht hatten die Mitglieder der Kommune I mit dieser wankelmütigen Deutung nicht. Die Publikation ist ein Konglomerat divergierender Textcorpi der Kommune I. Enthalten sind in den „Quellen“ Zeitungsartikel, Pamphlete, theoretische Schriften und natürlich die Flugblätter der Kommune I.

Die wohl bedeutsamsten und gleichzeitig am meisten Aufsehen erregenden Flugblätter sind die zur Warenhausbrandstiftung. Die Flugblätter spiegeln aus zweierlei Gründen die Hochzeit der Kommune I wieder. Einerseits ist sie ein äußerst *fragiles, soziales Gebilde, das nach einem heftigen Auftakt kaum noch in Erscheinung trat (Delabor)*. Die soziale Gruppe bestand drei Jahre, von ihrer Gründung am 01. Januar 1967 bis zu ihrem Zerfall im November 1969.[109] Außerdem sind die Flugblätter zur Warenhausbrandstiftung die wohl am meisten rezipierten Flugblätter des Autorenkollektivs. Aufgrund des hohen Rezeptionsgehaltes und ihrer enormen Bekanntheit wird an dieser Stelle davon abgesehen, die Flugblätter noch einmal zu rezitieren. Wegen ihrer Brisanz, auch im Hinblick auf die Gewaltfrage, erweist sich die Auseinandersetzung mit den Flugblättern sechs bis neun allerdings als unumgänglich. Die Mitglieder der Kommune I verteilen die Handzettel mit der Nummerierung sechs bis neun am 24. Mai auf dem Campus der FU. Ein fingierter Zeitungsbericht suggeriert dem Leser, dass es in einem Brüsseler Warenhaus L´Innovation gebrannt habe.

Das Flugblatt 6 folgt den objektiven Kriterien eines Artikels. Allerdings hat das Autorenkollektiv das Flugblatt nicht als Artikel oder *Pressemitteilung* angekündigt, wie dies bei einem späteren Handzettel geschehen ist. Da die Fakten zum Warenhausbrand in L´Innovation bereits als bekannt vorausgesetzt werden, erfährt der Leser nun in erster Linie Hintergründe zur Tat. Die Schreiber verwirren den Rezipienten mit sachlich richtigen Meldungen, die den fingierten Bericht anreichern. Der Artikel basiert somit auf einem realem und aktuellem Ereignis, der Inhalt des Berichts ist dennoch vollkommen fiktiv. In einem der größten Warenhäuser in Brüssel fand tatsächlich eine amerikanische Warenausstellung statt, in der die Waren käuflich zu erwerben waren. Auch den Kaufhausbrand hat es gegeben. Die Flammen loderten am 22. Mai 1967 im Brüsseler

[109] http://www.literaturkritik.de/public/rezension.php?rez_id=11455, letzter Zugriff: 17.09.2010, 13:30.

Kaufhaus L´Innovation. Intention ist es, Verwirrung beim Rezipienten zu evozieren. Dies gelingt auch aufgrund der Setzung bestimmter Reizworte wie *Demonstrationsformen, Großhappening oder Vietnamdemonstranten.* Somit finden sie Anklang an ein Themenfeld, das in den Medien mit der Außerparlamentarischen Opposition und der Kommunarden besetzt ist.

Vietnam steht in der APO für mehr als nur für den Krieg in Vietnam, es symbolisiert auch die sozial revolutionären Bewegungen der Dritten Welt. Auch wenn die lebensweltlichen Berührungen zwischen Industrienationen und Entwicklungsländern eher marginal sind, so ist Vietnam dennoch ein Symbol mit überwältigen Identifikationsmöglichkeiten. Wer sich mit Vietnam solidarisch erklärt, der erklärt sich auch solidarisch mit den gesellschaftlichen Problemen in der Bundesrepublik Deutschland.[110]

Sicherlich kann die Lesart geltend gemacht werden, dass die Texte *„unabhängig von der jeweiligen politischen Präferenz des potenziellen Lesers wirken, wie auch der der gesamte Text. Die Wirkung zielt auf einen maximalen Lesekreis ab. (Hakemi)*[111] Aufgrund der Tatsache, dass die Flugblätter vor der FU verteilt worden sind, richten sich diese an ein akademisches Publikum. Dennoch dürfte es auch Akademikern bei der Erstlektüre schwergefallen sein, die genaue Wirkungsabsicht – eine Persiflage auf die Meinungsmache der Medien – sofort zu entschlüsseln. Tatsächlich findet sich in der Literatur zu Flugblatt 6 der Hinweis, das *anzunehmen ist, dass in den fiktiven Bericht Versatzstücke, tatsächlicher Zeitungsberichte, etwa die Fakten betreffend, montiert wurden (Hakemi).* Dies ließe sich allerdings nicht philologisch belegen, da der Text in sich geschlossen sei.[112]

Diese Annahme ist jedoch nicht korrekt, denn es lässt sich belegen, dass sich das Flugblatt 6 an bereits vorhandene Berichte, die zeitnah in der BZ erschienen sind anlehnt, sie parodiert und somit eine neue Wirklichkeit evoziert. Die Kommunarden versuchen die Journalisten der Springerpresse mit ihren eigenen Waffen zu schlagen, indem sie sich derer bedienen. Dabei offenbaren die *kriegsähnliche Zustände* in der Unterzeile einen reißerischen, sensationsheischenden Charakter, der auch an die Überschriften der Springerpresse denken lässt. Zum Vergleich: Ein Bericht der BZ zum Brüsseler Warenhausband - erstmals erschienen am 23. Mai 1967 – ist betitelt mit „Menschen sprangen brennend in den Tod."[113]

---

[110] Negt: Achtundsechzig, S. 89.
[111] Hakemi: Spektakel, S. 36.
[112] Vgl.: Hakemi: Spektakel, S. 35.
[113] http://www.medienarchiv1968.de/dl/192930/418.jpg.pdf, letzter Zugriff: 17.09.2010, 17:17.

Die BZ, ihrerseits im Hause Springer produziert, vermeldet zum Tathergang: *Eine Verkäuferin berichtete: Wir hörten eine Art Explosion, aber wir dachten uns nichts dabei. Einige Anti-Amerikaner sind in den letzten Tagen ins Geschäft gekommen, und haben Feuerwerkskörper los gelassen. Wir dachten, das Spiel ginge wieder los."*[114] Die Kommune I dagegen schreibt: *Tage zuvor fanden kleinere Demonstrationen alten Musters vor dem Kaufhaus mit Plakaten und Sprechchören statt und in dem Kaufhaus wurden Knallkörper zwischen den Verkaufstischen gezündet."* Die Ausführungen der Kommunarden lesen sich wie eine Parodie auf die Berichterstattung der Springer Presse. Dass ihr der BZ Artikel oder ein ähnlich gearteter Bericht der Springer Presse tatsächlich vorgelegen hat, liegt im Bereich des äußerst wahrscheinlichen. Tatsächlich lässt sich eine frappierende Ähnlichkeit aufzeigen: *„Im Zusammenhang mit den Spekulationen über die Brandursache wurde auch bekannt, daß das Kaufhaus in der vergangenen Woche nach einer Bombe durchsucht worden war. Ein anonymer Anrufer hatte dem Personal erklärt, daß sich ein Sprengkörper in dem Gebäude befinde."* Und weiter: *„Die Kriminalpolizei der belgischen Hauptstadt untersuchte gestern Abend außerdem, ob der verheerende Großbrand in dem Kaufhaus eventuell aus politischen Motiven angelegt worden ist. In der Nähe der am Abend noch immer brennenden Trümmer fand die Polizei viele anti-amerikanische Flugblätter, in denen gefordert wurde, die amerikanische Ausstellung in dem Kaufhaus „hochgehen zu lassen.""*[115]

Dazu bemerken die Akteure der Kommune I: *Maurice L.: „In der vorigen Woche hatten wir eine anonyme Bombendrohung an das Kaufhaus durchgegeben, um festzustellen, welche Maßnahmen die Polizei und welche Sicherungsmaßnahmen das Kaufhaus ergreifen. Da zu erwarten war, daß die Betroffenen die Ursache des Brandes missdeuten würden, hatte die Gruppe nach Maurice L. schon Tage zuvor und vor allem am Tage des Großhappenings Flugblätter verteilt, die auf die Zustände in Vietnam hinwiesen und empfahlen, die Ausstellung im Kaufhaus A l'Innovation >hochgehen< zu lassen."*

Dabei werden die beiden entlehnten Sentenzen aus dem Bericht bewusst verändert. Was im Printmedium als Originalzitat publiziert wurde, schreibt das Autorenkollektiv in den laufenden Text, verwandelt allerdings dagegen die Informationen zur Bombe in ein fingiertes Zitat, möglicherweise um an dieser Stelle bewusst die angebliche Authentizität zu unterstreichen. Die Ähnlichkeit wird vor allem aufgrund der gleichen Wortwahl in beiden Berichten – *„hochgehen"* – besonders augenscheinlich. Auch inhaltlich werden die staatlichen Instanzen blamiert, vorgeführt, parodiert – regelrecht verhöhnt. Da diese

---

[114] http://www.medienarchiv1968.de/dl/192930/418.jpg.pdf, letzter Zugriff: 17.09.2010, 16:30.
[115] http://www.medienarchiv1968.de/dl/192930/418.jpg.pdf, letzter Zugriff: 17.09.2010, 17:39.

offensichtlich nicht intelligent genug zu sein scheinen, den Brand als eine politisch motivierte Tat einzuordnen, müssen die Täter mit sachdienlichen Hinweisen, dem Verteilen von Flugblättern, auf sich selbst verweisen.

Vollkommen augenscheinlich, dass das Flugblatt Nummer 6 in summa eine Parodie auf die Springerpresse - *expressis verbis* die BZ - ist, wird es wenn man die Ausgabe vom 24. Mai 1967 zugrunde legt. Der reißerische Artikel *Wie in einem Leichenschauhaus* thematisiert die neusten Erkenntnisse zur Brüsseler Brandkatastrophe. Dort heißt es: *„Das Warenhaus hatte – wie berichtet – gerade zu einer USA Woche dekoriert, die den Zorn der anti-amerikanischen „Aktion für Frieden und Unabhängigkeit", einer kommunistischen Gruppe chinesischer Tendenz, auf sich gezogen hatte."*[116]

Der bereits erwähnte fingierte Informant *Maurice L. (21)* ist seines Zeichens *Mitglied der pro-chinesischen Gruppe für Frieden und Völkerfreundschaft.* Die Kommune I karikiert kurzerhand die anti-amerikanische „Aktion für Frieden und Unabhängigkeit" die der Journalist der BZ anführt in eine pro-chinesische „Gruppe für Frieden und Völkerfreundschaft."

Dabei kontrastiert das *anti-amerikanisch* mit dem *pro-chinesisch,* die *Aktion* mit der *Gruppe* und die *Unabhängigkeit* mit der *Völkerfreundschaft.* Lediglich das *Frieden* ist den beiden, der wirklichen und der fiktiven Organisation, im Namen erhalten geblieben. Dabei ist es deutlich widersprüchlich, es grenzt schon fast an Zynismus, dass ein Kollektiv, dass das Schlagwort *„Frieden"* in seinem Namen birgt und demnach von seiner Grundgesinnung pazifistisch eingestellt sein sollte, einen Brandanschlag in einem Brüsseler Kaufhaus verübt. Ulrich Enzensberger verfolgt den gleichen Gedankengang: *„Wir waren sofort überzeugt, daß das eine Falschmeldung war. Wir hielten es für völlig ausgeschlossen, daß Vietnamkriegsgegner das Kaufhaus angezündet hatten. (...) Gerade weil die Linke so pazifistisch war, löste ja die Identifikation mit dem Vietcong im SDS eine solche Panik aus. Schon die Billigung von Waffengewalt zur Befreiung von Kolonialismus war anstößig."*[117]

Und auch in diesem Kontext vermag es die Kommune I mit der Realität zu spielen und so den Leser zu verwirren. Sie inspiriert die Angst, sie verunsichert den Rezipienten. Sie psychologisiert und verkauft dort eine Wahrheit, wo keine ist. Auf diese Weise will sie sich den Mechanismen der Springerpresse bedienen. Dieses Prinzip wandte sie auch an, um den Tathergang näher zu beschreiben. *„Das Kaufhaus glich einem Flammen- und Rauchmeer. Unter den Menschen brach eine Panik aus, bei der viele zertrampelt wur-*

---

[116] http://www.medienarchiv1968.de/dl/192944/425.jpg.pdf, letzter Zugriff, 17.09.2010, 18:16.
[117] Enzensberger: Kommune I, S. 138.

den; einige fielen wie brennende Fackeln aus den Fenstern; andere sprangen kopflos aus auf die Straße und schlugen zerschmettert auf; Augenzeugen berichteten: Es war ein Bild der Apokalypse.“

Fast aus dem Original entlehnt ist die Zuschreibung: „*Wie brennende Fackeln fielen einige von ihnen auf die Straße. Unten blieben sie zerschmettert liegen.*“ Auch ansonsten gleicht die Spezifikation sehr dem, was die Kommune I ihren Lesern präsentiert.[118]

„*Das Riesenaufgebot an Feuerwehr und Polizei war wegen der Neugierigen und der ungünstigen Raumverhältnisse außerordentlich behindert*“ - auch auf diesen Umstand wird im BZ Artikel in ähnlicher Form verwiesen: „*Die Lösch- und Rettungsarbeiten gestalteten sich sehr schwierig, weil die das Kaufhaus umgebenden engen Straßen mit Kraftfahrzeugen vollgestopft waren. Auch Tausende von Neugierigen waren im Wege.*“[119] Tatsache ist, dass die Flugblätter zur Kaufhausbrandstiftung offensichtlich Originale haben: Die am 23. und 24. Mai 1967 in der zum Springerkonzern gehörenden BZ erschiene Zeitungsartikel zum Kaufhausbrand in Brüssel. Im Anbetracht der Tatsache, dass die Kommune I diese bereits am 24. Mai 1967 vor der FU verteilte, lässt dies den Schluss zu, dass das Autorenkollektiv effizient und schnell gearbeitet hat.

„*Dies nahm eine Gruppe Anti-Vietnamdemonstranten zum Anlass, ihren Protest gegen die amerikanische Vietnampolitik Nachdruck zu verleihen*“, so das Autorenkollektiv in ihrem Flyer. Die Schreiber gehen somit einen Schritt weiter und sprechen das aus, was viele aufgrund der Berichterstattung in den Medien bereits denken. Es sei tatsächlich der politisch motivierte Anschlag, den die Springerpresse der Gesellschaft gerne verkaufen würde. Die Verdächtigen stilisieren sich somit selbst zu Tätern. Aber warum? Die Darstellung der Wirklichkeit ist bewusst überzogen und parodiert. Mit dem Mittel der Satire, der bewussten Übertreibung, zeigen die Schreiber auf, dass für die Journalisten die Täter bereits feststehen. Mit ihrer Parodie auf die Springerpresse unterstellen sie unterschwellig, dass sie – bzw. linke Aktivisten – die Opfer einer Hetzkampagne seien. Alt-Kommunarde Rainer Langhans, der noch heute in einer kommuneähnlichen Gemeinschaft lebt, erläutert dies folgendermaßen:

„*Die Bildzeitung hat ganz genau gewusst, wie das Unbewusste der Leute funktioniert. Wir haben, wenn Du so willst, mit denen dran gearbeitet, die ganzen Geschichten sichtbar werden zu lassen. Wir handelten nach einem Prinzip, das von Marx kommend eigentlich ein philosophisches Prinzip ist. „Du musst den Dingen ihre eigene Melodie*

---

[118] http://www.medienarchiv1968.de/dl/192930/418.jpg.pdf, letzter Zugriff: 22.09.2010, 15:19.
[119] http://www.medienarchiv1968.de/dl/192930/418.jpg.pdf, letzter Zugriff: 22.09.2010, 15:11.

vorspielen und sie werden zu tanzen beginnen.“[120] Dieses Prinzip haben sich die Akteure zu eigen gemacht. In ihren Flugblättern spiegeln sie auf eine überaus intelligente Weise die Mechanismen der Medien. Und umgekehrt funktioniert das Spiel gleichermaßen - quit pro quo: *„Die Medienresonanz war exzellent, die Springerpresse nahm die geringste Aktivität zum Anlass für eine reißerische Berichterstattung und Hetze. Für solche Aufmerksamkeiten hatten wir ein gewisses Fingerspitzengefühl entwickelt.“*[121]
Maurice L., der Informant im Flugblatt 6, ist ebenfalls ein militanter Gegner des Vietnamkriegs und möchte mit seiner Gruppe ein Zeichen setzen: *„Wir vermochten uns bisher mit unseren Protesten gegen die amerikanische Vietnampolitik nicht durchsetzen, da die hiesige Presse durch ihre Berichterstattung systematisch den Menschen hier den Eindruck vermittelt, daß ein Krieg dort unten notwendig und zudem gar nicht so schlimm sei. Wir kamen daher auf diese Form des Happenings, die die Schwierigkeiten, sich die Zustände beispielsweise in Hanoi während eines amerikanischen Bombenangriffs beheben sollte.“*
Das fingierte Zitat ist ambivalent. Einerseits wird aufgrund der Entscheidung einen fiktiven Bericht zu entwerfen, der sich an die Springerpresse anlehnt, die Presselandschaft per se parodiert. Allerdings wird auch inhaltlich Kritik an den Medien geübt. Die Motive lassen sich bei auch Herbert Marcuse nachweisen. Der Politologe übt scharfe Kritik am Krieg in Vietnam und am Konsumverhalten der Industriestaaten.[122] Und auch die Massenmedien prangert er an: Aufgrund *der Herrschaft der monopolistischen Medien – selber bloße Instrumente ökonomischer und politischer Macht – wird eine Mentalität erzeugt, für die Recht und Unrecht, Wahr und Falsch vorherbestimmt sind (...).*[123] In Bezug auf Vietnam wird eine Rechtfertigung initiiert, dass die Menschen nicht mehr mit Worten, sondern nur noch mit Taten zu erreichen sind. Getreu des Mottos – *wer nicht hören will, muss fühlen* – verweisen die Schreiber auf einen Akt der symbolischen Gewalt. Transparent wird dies anhand des Satzes, dass ein *Happening* gebraucht werde, dass *die Schwierigkeiten, sich die Zustände beispielsweise in Hanoi während eines amerikanischen Bombenangriffs vorzustellen, beheben sollten.* Der Großbrand in einem Brüsseler Kaufhaus ist für das Autorenkollektiv – so zynisch es auch wirken mag – ein Medienereignis, anhand dessen das haptische Erlebnis symbo-

---

[120] Martin Klimke, Joachim Scharloth: „Du musst den Dingen ihre eigenen Melodie vorspielen und sie werden zu tanzen beginnen“ - Ein Gespräch mit Rainer Langhans, in: Martin Klimke, Joachim Scharloth (Hrsg.): 1968 – Handbuch zur Kultur- und Mediengeschichte der Studentenbewegung, Stuttgart, Weimar 2007, S. 312.
[121] Dieter Kunzelmann, zitiert nach: Kraushaar, Wieland, Reemtsma: Dutschke, S. 66.
[122] Vgl. Marcuse: Toleranz, S. 95.
[123] Ebd. S. 106.

lisch begreifbar gemacht werden soll. Dabei fungiert *Maurice L.* als pars pro toto für die Schreiber selbst, denn der vermeintliche Zeuge äußert sich den Kommunarden synonym: Protest gegen die Amerikaner und den Krieg in Vietnam, Disqualifikation der extraordinären Medienlandschaft, Happening in einer Industrienation.

Auch im letzten Absatz, der einen stilistischen Bruch zum Bericht aufweist, (eine Hypotaxe ist beim journalistischen Schreiben unüblich, denn diese erschwert die Lesbarkeit) wird auf eine Gruppe mit linken Hintergrund verwiesen: *Und selbst wenn sich die Demonstranten die Urheberschaft dieser obengenannten Gruppe eindeutig herausstellen würde, dürfte dies nicht dazu führen, daß die Polizei das Ergebnis veröffentlicht, da der obige Effekt der Ermunterung anderer Gruppen eine solche Veröffentlichung inopportun erscheinen lässt.*

Evoziert wird hier ein Scheinwiderspruch an sich, denn bereits am Anfang des Berichts steht fest, *dass eine Gruppe von Antivietnamdemonstranten* dies zum Anlass nahm, *ihren Protesten gegen die amerikanische Vietnampolitik Nachdruck zu verleihen.* Die *Urheberschaft* der Gruppe ist somit faktisch bereits herausgestellt, denn der Informant *Maurice L.* beschreibt Vorbereitung und Tathergang. Dieser Eindruck resultiert daher, dass zunächst von der Gruppe der *Antivietnamdemonstranten* die Rede ist, danach das erzählende Ich erklärt, dass es mit *dem Mitglied der pro-chinesischen Gruppe* gesprochen habe. Der Leser identifiziert somit die *Antivietnamdemonstranten*, die ein Happening veranstaltet haben, als Mitglieder der Gemeinschaft. Allerdings steht an keiner Stelle explizit, dass sie die Täter waren. Die Verbindung ist somit eine rein assoziative, die aufgrund der Nennung der Gruppe und den vermeintlichen Informationen hergestellt wird. Zum Schluss des Berichts wird diese Lesart wieder aufgehoben, denn die *Urheberschaft dieser oben genannten Gruppe* muss noch *eindeutig* herausgestellt werden. Der Konjunktiv unterstreicht noch zusätzlich diese „Kann-Option". Dieses „Verwirrspiel" würde im Hinblick auf ein Spottbild der Springerpresse die eingangs erwähnte Hypothese bestätigen, dass in deren Berichterstattung die Täter bereits feststehen, dies allerdings noch zu beweisen sei.

Im Text wird bewusst mit assoziativen Tendenzen gespielt, die Lesart ist polysem. Aufgrund des vermeintlichen Wahrheitsgehalts des Berichts wird der Leser drangsaliert. Scheinbar verfügt das fingierte „berichtende Ich" über mehr Informationen über den Brandanschlag, als die Polizei selbst, was zu Beunruhigung führt. Auch der Hinweise, dass andere Organisationen sich zur Tat aufgefordert fühlen könnten, löst beim Leser Beunruhigung aus. Durch die implizierte Lesart ist eine verbale Gewalt intendiert, die den Rezipienten einschüchtern und abwerten soll. Dabei ist die Ähnlichkeit zwischen den beiden Gruppen eminent. Somit wird die Lesart impliziert, dass die Kommune I selbst in den Kaufhausbrand verstrickt sein könnte oder zumindest ein nachahmendes Kommando sein könnte.

Mit dem Kaufhausbrand in Brüssel wird im Bericht eine reale Tatsache vermeldet, die in der Folge allerdings parodiert wird. Für aufmerksame Leser, die das Flugblatt 6 mit den Artikeln der BZ verglichen hätten, wäre das Flugblatt leicht als Travestie auf die Berichterstattung des Boulevardblatts zu entschlüsseln gewesen. Dennoch ist es makaber, wie die Fakten montiert und missbraucht werden. Weder Tote noch Verletzte werden in Flugblatt 6 mit Zahlen beziffert, denn im „Krieg" kann ebenfalls nicht mit exakten, sondern – wenn überhaupt - bis zur endgültigen Identifikation nur von geschätzten Werten ausgegangen werden. Opfer sind in diesem Kontext scheinbar nebensächlich. Der eigentliche Kern des Artikels, wie viele Menschen vermeintlich beim Kaufhausbrand involviert waren oder wie viel Sachschaden dabei entstanden ist, erwähnt das Autorenkollektiv erst gen Ende des Berichts und dies auch scheinbar nur nebenbei. Die vom Autorenkollektiv angeführten Zahlen entsprechen nicht der Realität. *Es dürfte im Ganzen wohl etwa 4000 Käufer und Angestellte in die Katastrophe verwickelt sein.* Ähnlich hoch ist dann auch der Schaden, der *nach vorsichtigen Schätzungen ca. 180 Mill. DM beträgt.* Die Angaben sind maßlos übertrieben und ungenau. Aber dennoch wird auch an dieser Stelle mit der Wahrheit gespielt: Der Spiegel vermeldet in seiner Ausgabe vom 29. Mai 1967: *Vom Kaufhaus "A l'Innovation" blieben nur Schutt, Trümmer und verkohlte Balken. Über 300 Menschen starben; Waren im Werte von rund 80 Millionen Mark wurden vernichtet.*[124] Tatsächlich wird der interessierte Leser zunächst nur mit Hintergrundinformationen versorgt: Es beginnt mit dem *Vorspiel,* dargelegt wird, wie es zu der Brandkatastrophe kam und nicht, was eigentlich passiert. Das Autorenkollektiv hält sich an die Chronologie der Ereignisse, nicht an den objektiven Neuigkeitsgehalt. Dies ist allerdings auch dem Umstand geschuldet, dass die Kommune I bereits die Tatsache voraussetzt, dass es in einem realen Brüsseler Kaufhaus gebrannt hat. Die Kommune I fingiert somit im Flugblatt 6 eine Form des „Kriegshappenings", in dem in einer Industrienation ähnliche Zustände wie in Vietnam hergestellt werden. Die technischen Mittel – Krieg und Warenhausbrand – sind zwar unterschiedlich, die Erlebnisse und Erfahrungen allerdings synonym. Somit wird unterstellt, dass die Rezipienten gegenüber der Situation in Vietnam vollkommen abgestumpft seien.

---

[124] http://wissen.spiegel.de/wissen/image/show.html?did=46409372&aref=image036/ 2006/03/24/PPM-SP196702301280128.pdf&thumb=false, letzter Zugriff: 23.09.2010, 14:56.

4.2. Flugblatt 7 – die werbende Variante

Das synchron verfasste Flugblatt 7 verfolgt allerdings eine andere Strategie als Flugblatt 6. Dennoch ist das Zweite ähnlich arrangiert und bezieht sich auch inhaltlich auf das Vorherige. Das Flugblatt *stellte den Brüsseler Brand als US-amerikanische Werbemaßnahme dar, als Höhepunkt der im Kaufhaus L'Innovation veranstalteten amerikanischen Werbewoche, als verblüffende, neue Methode, auch den europäischen Konsumenten vom „American Way of Life zu überzeugen."*[125]

Im Stil eines Werbeslogans, die grafisch pointierte Reklameschrift, die schließlich ins Leere läuft, will den Rezipienten zur Teilnahme an der amerikanischen Werbewoche animieren: NEU! UNKONVENTIONELL! NEU! UNKONVENTIONELL! NEU! UNK.

Aufgrund der Majuskeln soll ein maximaler Lektürekreis erreicht werden. Der Aufmacher ist effektheischend und verspricht Sensationelles. Der Neuigkeitswert impliziert größtmögliches Vergnügen. Eingeschoben wird die scheinbar harmlose rhetorische Frage *Warum brennst Du Konsument?,* um dann mit NEU! ATEMBERAUBEND! NEU! ATEMBERAUBEND! NEU! ATEMBER anzuschließen. Die rhetorische Frage ist semantisch inkorrekt, sie bricht den Stil, allerdings stört sie den Lesefluss keineswegs. Ganz im Gegenteil: Es wird suggeriert, dass es ein vollkommen natürlicher Zustand sei, als Konsument zu *brennen*. Sicherlich war diese Wirkungsabsicht intendiert, gerade da so das Konsumverhalten effektvoll persifliert werden kann. Der Adressatenkreis ist im Prinzip unspezifisch, allerdings richtet sich ein Reklamezettel speziell an die Hüterin von Heim und Haus – die Frau in der Rolle der Konsumentin. Vor dem Hintergrund, dass die Varianten – wie bereits festgestellt – vor der FU verteilt werden, dürften sie ein ausschließlich akademisches Publikum rezipiert haben.

Folgt man dem AIDA-Modell, so wird aufgrund der Headline bereits die Aufmerksamkeit (attention) des Kunden gewonnen. Aufgrund der rhetorischen Frage, die sich der potenzielle Kunde stellen muss, wird das Interesse (interest) geweckt und der Rezipient so zum weiter lesen animiert. Allerdings wird zunächst nicht der Wunsch (desire) nach dem Produkt gestillt, denn um welche Attraktion es sich handelt, erfährt der Leser erst während der weiter führenden Lektüre. Hier wird die Werbestrategie bewusst gebrochen. Auch eine bewusste Aufforderung zur Handlung (action) bleibt aus. Der Konsument wird vielmehr zum Objekt stilisiert, welches auf seine Funktionsfähigkeit und seinen Mehrwert geprüft wird. Kritik an den USA und am Konsum sind immanent.

[125] Enzensberger: Kommune I, S. 140.

Wenn die Kommunarden Stilelemente der Werbung für ihre Flugblätter „missbrauchen“, so agieren sie ganz im Sinne ihres Ziehvaters Herbert Marcuse, dessen Postulat besagt, dass die systematische *Verdummung von Kindern wie von Erwachsenen durch Reklame und Propaganda* evoziert werde.[126]

Stattdessen bezieht sich das Schreiberkollektiv auf einer Metaebene auf die Werbung selbst, in dem sie diese zum eigentlichen Handlungsgegenstand erklärt: *Die Leistungsfähigkeit der amerikanischen Industrie wird bekanntlich nur noch vom Einfallsreichtum der amerikanischen Werbung übertroffen.* Dieser Sachverhalt wird mit einer infamen Logik verknüpft, indem allerdings nur ein herausragendes Beispiel für die Leistungsfähigkeit der amerikanischen Werbeindustrie benannt wird, nämlich *Coca Cola.* Der Konzern wird mit *Hiroshima,* das *deutsche Wirtschaftswunder* wird mit dem *vietnamesischen Krieg,* die *Freie Universität* und *die Universität* von *Teheran* in eine genealogische Linie gerückt. Damit werden die für die Schreiber wichtigen Themen besetzt. Mit *Coca Cola* benennen sie zugleich ein zentrales amerikanisches Produkt, welches im Nationalsozialismus beworben wurde. Die „braune Brause“ wurde vom führenden Nationalsozialisten Joseph Goebbels gerne getrunken, der sie dann schließlich auch werbetechnisch gekonnt zu vermarkten wusste. So prangte bei Großveranstaltungen der NSDAP ein Coca Cola Werbebanner über den Köpfen der Kameraden.[127] Auch mit dem Verweis auf Hiroshima wird eine Verbindung zum Nationalsozialismus evident. Nicht umsonst skandierten die Protestler später die erst Ende 1967 populär gewordene Parole „USA – SA – SS“.[128]

Mit der Nennung des *deutschen Wirtschaftswunders* wird die Kritik am bedingungslosen Konsum und am Wohlstand der Industrienation deutlich, die sich nicht für den Krieg in *Vietnam* interessiert, weil der satte und gut genährte Bürger sich den Freuden des Kapitalismus hingeben mag. Intendiert ist hier die Aufforderung zur Konsumverweigerung, denn durch einen übermäßigen und überflüssigen Konsum würde der Citoyen entpolitisiert. Allerdings schwingt dabei auch der Subtext mit, dass sich die BRD als strategischer Bündnispartner der USA am Krieg in Vietnam mitschuldig macht, in dem sie von der deutsch-amerikanischen Freundschaft profitiert und still schweigend zusieht, was „der große Bruder“ so treibt. Mit der *Universität Teheran* thematisiert sie die Missstände in Persien, wendet sich allerdings auch gegen die Bildungsstätte als

---

[126] Herbert Marcuse: S. 94.
[127] http://www.spiegel.de/spiegel/print/d-39367927.html, letzter Aufruf: 23.09.2010, 10:21.
[128] Götz Aly: Unser Kampf – ein irritierter Blick zurück, Frankfurt am Main, 2008 S. 148.

staatliche Institution als solches.[129] Dennoch ist die Nennung insofern ironisch, als dass die Gründung der Freien Universität in Dahlem ein federführendes Projekt der Alliierten war und den aufkeimenden Ost-West Konflikt noch weiter verschärfte. Die Kommune I diskreditiert somit die Amerikaner aufs Schärfste. Das, was als vermeintlich *neu, unkonventionell, atemberaubend* angekündigt wurde, entpuppt sich im zweiten Moment als beißender Spott auf das Land der unbegrenzten Möglichkeiten.

Dabei setzt sie – eine gewagte These, allerdings in der Logik der Kommune I bahnbrechend – die Universität Teheran mit der Freien Universität in Berlin gleich. Für beide Universitäten existiere kein Recht auf demokratische Mitbestimmung, de facto fehlende Meinungs-, Rede- und Lernfreiheit. Um diese zu exponieren, kontrastieren die Gegensätze *Mauer, Stacheldraht und Vorhang* – alles Synonyme für den Mauerbau und der damit verbundenen deutschen Teilung – mit den Grundrechten eins *american way of life – freedom and democracy.* Damit demütigen sie die Amerikaner, inklusive ihres politischen Selbstverständnisses. Im Sinne der Werbung sind dies die Faktoren, die die Amerikaner auszeichnen und „zu einem unverwechselbaren Hersteller machen".

Analog nimmt das Schreiberkollektiv den roten Faden auch wieder auf und führt fort:

Mit einem neuen gag in der vielseitigen Geschichte amerikanischer Werbemethoden wurde jetzt in Brüssel eine amerikanische Woche eröffnet: ein ungewöhnliches Schauspiel bot sich am Montag den Einwohnern der belgischen Metropole: Ein brennendes Kaufhaus mit brennenden Menschen vermittelte zum ersten mal in einer europäischen Großstadt jenes knisternde Vietnamgefühl (dabeizusein und mitzubrennen), das wir in Berlin bislang noch missen müssen.[130]

Rein von der syntaktischen Ausrichtung der Sequenz wird dem Leser der Eindruck suggeriert, dass es sich um ein wahrlich fantastisches Ereignis handele. Dies wird in erster Linie aufgrund der Schlagwörter wie *ungewöhnliches Schauspiel, belgische Metropole, zum ersten mal in der europäischen Geschichte, dabeizusein, missen müssen* evoziert.

Es ist eine ganz subtile Form von Gewalt, wie hier die Kommunarden den Flammentod als ein *knisterndes* Gefühl nahe bringen wollen. Sie preisen diese Form als etwas *Neues, Unkonventionelles und Atemberaubendes.* Unterbewusst wird dem Rezipienten so

---

[129] Vgl. auch: Hakemi: Spektakel, S. 45.

[130] Der später in der Frankfurter Warenhausbrandstiftung verurteilte Thorwald Proll bezeichnet sich selbst als Sympathisant der Kommune I. Er räumt ein, dass die *weitergehende Tat* vom Flugblatt der Kommune I beeinflusst wurde.
Vgl.: Thorwald Proll/ Daniel Dubbe: Wir kamen von anderen Stern – Über 1968, Andreas Baader und ein Kaufhaus, Hamburg 2003, S. 7.

offeriert, sich selbst zu opfern, um so dieses Gefühl erleben zu dürfen. Der Subtext suggeriert eine Verbindung zum Terrorismus. Selbstmordattentäter opfern ihr Leben für die Sache, um so auf die Missstände aufmerksam zu machen, die sie bekämpfen wollen. Es wäre keine militärische Interaktion – ganz im Gegenteil: Der Attentäter würde zum Märtyrer stilisiert, der sein Leben ganz in den Dienst der Sache gestellt hat.[131]

Die perfide Logik des Happenings ist allerdings, dass sich keineswegs ein linker Aktivist opfern solle, sondern dass der Konsument aufgrund seines Bedürfnisses zu konsumieren, ebenfalls den Amerikanern (*amerikanische Werbemethoden, amerikanische Woche)* zum Opfer fallen wird. Die möglichen Nachteile dieses Happenings werden vor der Logik des Markts analysiert. *„Skeptiker mögen davor warnen, >König Kunde<, den Konsumenten, den in unserer Gesellschaft eindeutig Bevorzugtem und Umworbenen, einfach zu verbrennen."* Diese Einschätzung ist nicht satirefrei. Denn *König Kunde* (Alliteration) ist in seiner Rolle als Konsument derart wichtig, dass die Wirtschaft dadurch Schaden nehmen könnte, denn *Schwarzseher mögen schon unsere so überaus komplizierte und hoch entwickelte Wirtschaft in Gefahr sehen.* Somit übt das Autorenkollektiv auch Kritik an der Wirtschaftspolitik der BRD.

Auch menschliche Aspekte werden scheinbar in die Analyse integriert, *so sehr wir den Schmerz der Hinterbliebenen in Brüssel mit empfinden,* diese verblassen allerdings hinter den folgenden Argumenten: *wir, die dem Neuen aufgeschlossen sind, können so lange das rechte Mass nicht überschritten wird, dem Kühnen und dem Unkonventionellen, das, bei aller menschlicher Tragik im Brüsseler Kaufhaus steckt, unsere Bewunderung nicht versagen.* Die Aussage intendiert, dass der Logik des Autorenkollektivs folgend, das *Neue, Kühne, Unkonventionelle* einen höheren Stellenwert und die damit einhergehenden Werbemethoden eine größere Wertigkeit besitzen, als das Leben von Menschen. Diese Logik offenbart einen gewissen Zynismus, die Opfer der Brüsseler Brandkatastrophe werden regelrecht verhöhnt, sie sind gleichzeitig Betroffene eines makaberen Scherzes. Allerdings wird ebenfalls *König Kunde,* der seiner Konsumsucht unterliegt, als ein solcher geoutet.

---

[131] Der Tod durch Selbstmordaktionen war in der linken Szenen nichts ungewöhnliches. Vgl: Kraushaar: Fischer, S. 249.

4.3. Flugblatt 8 – die bekennende Variante

Flugblatt 8 schließt aufgrund seiner Diktion nahtlos an Flugblatt 7 an. Allerdings stellt diese Variante der Flugblattserie eine weitere Steigerung dar – in seiner Ausrichtung ist Flugblatt 8 am radikalsten. Mit der rhetorischen Frage *Wann brennen die Berliner Kaufhäuser* wird der Leser in den Sog des Traktats gezogen. Die Überschrift suggeriert, dass es nur noch eine Frage der Zeit sei, dass das was auch in Brüssel passiert ist, sich auch bald in Berlin ereignen wird. Inhaltlich wird scharfe Kritik am Krieg in Vietnam geübt. Dieser Sachverhalt wird damit gerechtfertigt, dass bisher *die Amis in Vietnam für Berlin* krepierten. Im Subtext schwingt allerdings mit, dass es nun dem Beispiel Brüssels folgend, Zeit für kriegsähnliche Zustände in Berlin wird. Und an diesen seien die Berliner verdientermaßen selbst Schuld, denn die „amerikanischen Freunde" sterben in Vietnam. Was läge also näher, als wenn auch der Deutsche selbst sein Leben in Vietnam ließe? Oder kriegsähnliche Zustände, denen in Vietnam ähnlich, nach Berlin kommen? Angespielt wird auf die deutsch-amerikanischen Beziehungen und auf die Tatsache, dass die Deutschen dem Treiben in Vietnam offenbar tatenlos zusehen. Es wird eine vermeintliche Solidarität mit den „Yankees" suggeriert, und deshalb sollen auch die Deutschen leiden und für ihre amerikanischen Freunde sterben.

Uns gefiel es nicht, dass die armen Schweine ihr Cocacolablut im vietnamesischen Dschungel verspritzen mussten. Mit dem Personalpronomen *uns* gibt das Autorenkollektiv zu erkennen, dass sie zu einer Eigengruppe zählt. Der Ausdruck *die armen Schweine* ist pejorativ und umgangssprachlich, aufgrund des *Cocacolabluts* werden die Opfer näher charakterisiert. Gleichzeitig wird diese Sentenz als Persiflage erkennbar. Der Ideengehalt ist different zu den anderen Flugblättern. Die Eigenart dieses Flugblattes ist, dass zunächst eine vermeintliche Solidarität mit den Amerikanern suggeriert wird, die gleichzeitig die Leidtragenden des Krieges seien. Der daraus resultierende Schluss ist allerdings, dass auch die Deutschen aus Solidarität am Kriegsgeschehen teilnehmen sollten. Dies ist allerdings eine bloße Farce. Mit diesem vermeintlichen Sachverhalt legitimieren sie ihre Aktionen. Allerdings bewegen sich ihre symbolischen Attentate am Rande des Zumutbaren. Sie *hätten gern HHH in Pudding sterben sehen. Den Schah pissen wir vielleicht an, wenn wir das Hilton stürmen, erfährt er auch einmal, wie wohltuend eine Kastration ist, falls überhaupt noch was dranhängt... Es gibt da so böse Gerüchte.*

Der US-Vizepräsident Hubert H. Humphrey wurde aus einer Mischung von Pudding, Joghurt und Mehl beworfen und somit lediglich chiffriert zu Tode gesteinigt. Dabei setzen sie aufgrund des Akronyms *HHH* voraus, dass die genannte Person dem Leser bekannt, dieser dementsprechend informiert ist. Dies wiederum lässt auf einen gebildeten Adressatenkreis schließen. Tatsächlich wurde das Flugblatt, wie bereits dargelegt, im studentischen Milieu verteilt. Das Urinieren auf jemanden impliziert einen erniedrigenden, sadistischen Charakter. Ähnliches gilt für die angedrohte Kastration: Das Autorenkollektiv trifft den Schah an intimster Stelle, nämlich unter der Gürtellinie.

Die *Bevölkerung* soll nun allerdings nicht mehr nur aufgrund der *spannenden Presseberichte Stellung* beziehen, sondern sie sollen am *lustigen Treiben in Vietnam wirklich* beteiligt werden. Einerseits wird die Presse satirisch abgewertet, andererseits soll die scheinbar immunen Staatsangehörigen, die offensichtlich an jedem Happening der Kommunarden und am zivilen Widerstand desinteressiert zu sein scheinen, in das Geschehen involviert werden. Anschließend wird eine Verbindung zu den *belgischen Freunden* hergestellt. Die Kommune I setzt sich somit in eine genealogische Linie mit den *belgischen Freunden,* die *Brüssel* zu *Hanoi* werden lassen. Somit wird suggeriert, dass der Kaufhausbrand ein Anschlag von Vietnamgegnern gewesen sei. Die Schreiber spielen also bewusst mit den Ängsten der Bevölkerung.[132]

Der Aufruf zum Happening erfolgt somit aufgrund der Aufforderung, sich *diskret eine Zigarette in der Ankleidekabine* anzuzünden. Es ist anzunehmen, dass auch Flugblatt 8 eine Vorlage hatte. Der Ideengeber war vermutlich die BZ selbst, die am 23. Mai 1967 im Zuge der Brandkatastrophe in Brüssel auf einen ähnlichen Brand in Nürnberg verwies: *Der Großbrand in dem Brüsseler Kaufhaus „A L'Innovation" erweckt die Erinnerung an ein ähnliches Unglück in Nürnberg. Dort kamen in Januar 1962 bei einem Großfeuer im Ringkaufhaus 22 Menschen ums Leben. 28 wurden verletzt. Dieses Unglück war seinerzeit offensichtlich durch das achtlose Wegwerfen einer brennenden Zigarette hervorgerufen worden.*[133] Somit wäre auch dieses Flugblatt als eine weitere Parodie auf die Springer Presse zu lesen.

Die bisherigen Aktionen seitens der Kommunarden waren noch nicht bahnbrechend genug, was weitere Maßnahmen erforderlich macht. Abseits des zivilen Widerstands möchte sie nun noch einen Schritt zu Ende denken und den Citoyen wirklich brennen sehen. Allerdings verliert sich dies in einer bloßen Fiktion, da die belgischen Freunde nicht existieren. Die Kommune I fingiert allerdings eine „als-ob" Atmosphäre und drangsaliert so die Nerven des Erträglichen und lässt es für den Leser wie ein Bekennerschreiben wirken.

---

[132] Hakemi: Anschlag, S. 52,

[133] http://www.medienarchiv1968.de/dl/192930/418.jpg.pdf, letzter Aufruf: 04.10.2010, 11:39.

Keiner von uns braucht mehr Tränen über das arme vietnamesische Volk zu vergiessen – dieser Satz lässt eine ambivalente Lesart zu. Zum einen gilt dies für die Kommunarden selbst als Teil einer sozialen Gruppe[134], aber auch für die Bevölkerung, die wenn sie denn nicht mehr *Tränen über das arme vietnamesische Volk bei der Frühstückszeitung vergießen* will, selbst aktiv werden muss. Nämlich dann, indem sie sich eine Zigarette in einer Umkleidekabine anzündet. Das *geht er* wäre somit ähnlich wie das Indefinitpronomen „man" zu lesen und erhielte so die grammatikalische Bedeutung des unpersönlichen Passivs. Natürlich kann aber auch die Lesart geltend gemacht werden, dass damit ausschließlich die Kommune I als Agitator zu verstehen sei.
Die Schreiber empfehlen dabei ausdrücklich bestimmte Warenhäuser und dies keineswegs zufällig: Der *KaDeWe* ist der „Arisierung" im Dritten Reich zum Opfer gefallen und symbolisierte fortan das deutsche Wirtschaftswunder und den Freien Westen. *Hertie* war ein Ableger des Warenhauses und wurde von den im Nationalsozialismus enteigneten Gründern übernommen.[135] *Bilka* gehörte ebenfalls zur gleichen Warenhausgruppe und *Woolworth* ist schlicht ein amerikanisches Unternehmen. Ebenfalls in den Nationalsozialismus verstrickt war der Gründer der Warenhauskette Neckermann.[136]
Dieser Logik folgend vertritt das Schreiberkollektiv die Ansicht, dass es *nicht unbedingt erforderlich sei, dass das betreffende Kaufhaus eine Werbekampagne für amerikanische Produkte gestartet hat, denn wer glaubt noch an das „made in Germany"*. Vor dem Hintergrund, dass das Gros der Investoren auf eine diffuse Art in die Machenschaften des Dritten Reichs verstrickt war, wirkt das *made in Gemany* nahezu grotesk, denn den Krieg hat das deutsche Volk bekanntermaßen verloren. Somit legitimiert die Kommune I ihr weiteres Vorgehen und will stellvertretend einen Vergeltungsschlag ausüben, um die „Schuldigen" zu treffen. Der Gesetzmäßigkeit der Kommune I folgend, würde es nicht reichen, diese Konsumtempel lediglich zu boykottieren.
Groteske Realität nimmt dieses Vorhaben dann im letzten Absatz an. Der Leser dürfte nicht *überrascht sein, wenn es irgendwo brennt in der nächsten Zeit, wenn irgendwo eine Kaserne in die Luft geht, wenn irgendwo in einem Stadion die Tribüne einstürzt.* Anders als in Flugblatt 7 soll nun nicht mehr nur *König Kunde* bzw. der Konsument Opfer werden, sondern auch die Zivilbevölkerung könnte von etwaigen „Happenings"

---

134 Diese Lesart vertitt auch Sara Hakemi. Vgl.: Hakemi: Spektakel, S.53.
135 Vgl.: Kathedralen des Kaufrauschs; erschienen in der Spiegel Online Serie „einestages – Zeitgeschichten auf Spiegelonline". http://einestages.spiegel.de/static/topicalbumbackground/4281/kathedralen_des_kaufrauschs.html, letzter Aufruf: 04.10.2010, 13:30.
136 http://www.handelsblatt.com/magazin/kultur-lifestyle/neckermann-und-die-nazis;972893, letzter Aufruf: 04.10.2010, 13:14.

betroffen sein. Dabei stilisieren sich die Kommunarden zu vermeintlichen Tätern, die die Leserschaft davor warnen, nicht überrascht zu sein, wenn es tatsächlich „knallt". *Genausowenig* soll der Rezipient überrascht sein, *wie beim Überschreiten der Demarkationslinie durch die Amis, der Bombardierung des Stadtzentrums von Hanoi, dem Einmarsch der Marines nach China.* Auch hier legitimiert sie ihre vermeintliche Aktionen mit Gegengewalt, indem sie auf die bereits bestehenden Verhältnisse antwortet. Die logische Konsequenz wäre somit ein Kaufhaus anzuzünden und mündet im Imperativ: *Burn, warehouse, burn.* Vermutlich ist es auch kein Zufall, dass der Imperativ ein Anglizismus ist, denn somit wird eine Verbindung zum englischen bzw. amerikanischen Sprachraum evident. Dieses Statement hat einen sensationsheischenden, auffordernden Charakter. Indem die Kathedrale des Konsums zum Brennen gebracht wird, kulminiert sich symbolisch alles Infame und Verachtungswürdige: Das Kaufhaus als Ort des Konsums und Symbol des Kapitalismus, die Kritik am Nationalsozialismus, an den Amerikanern und dem Krieg am Vietnam. Das Warenhaus wird somit zum Sujet mit changierender Bedeutung. Fritz Teufel bemerkt auf einer Delegiertenkonferenz des SDS *„Es ist immer noch besser ein Warenhaus anzuzünden, als ein Warenhaus zu betreiben."*[137] Konsum ist dem Kapitalismus immanent. Das Einkaufserlebnis in einem Konsumtempel voller Waren offenbart, dass die Gesellschaft einerseits in einem Überfluss an Reichtum zu ersticken scheint, es andererseits Millionen von Menschen gibt, die nicht ihre materielle Existenz zu sichern wissen. Diese Diskrepanz, die das Individuum verzweifeln lässt, ist folglich systemimmanent.[138] Die Interferenz zwischen Fiktion und Realität wird aufrechterhalten. Die Kommunarden spielen mit der Möglichkeit, dass es zu terroristischen Anschlägen kommen könnte, mögliche Ziele wurden explizit genannt, was die Angst des Rezipienten noch zusätzlich angeheizt haben dürfte.

4.4. Flugblatt 9 – die lyrische Variante

Einer lyrischen Variante entspricht schließlich das Flugblatt 9, von dem sogar – eine Ausnahme bei den Flugblättern – zwei Versionen existieren. Wie bereits erwähnt ist es handschriftlich verfasst und grafisch gestaltet. Es sollte einen Rauchwirbel[139] darstellen, der anhand einer Wortspirale visualisiert wird. Die Majuskel der Spirale verlieren zum Ende immer mehr an Größe, sodass der Rezipient vermehrt Schwierigkeiten hat, dem

[137] Siemens: RAF, S. 17.
[138] Negt: Achtundsechzig, S. 51 ff.
[139] Enzensberger: Kommune I, S. 42.

Gelesenen zu folgen. Das sprachliche Gebilde besteht ausschließlich aus Majuskeln, Satzzeichen werden durch fünfzackige Sterne (sie haben nicht die Form eines Pentagramms) getrennt. Der Stern ist ein sozialistisches bzw. kommunistisches Symbol. Die fünf Zacken verweisen auf die fünf Kontinente der Erde. Er versinnbildlicht die Zukunft und soll den Menschen den Weg in eine bessere und gerechtere Gesellschaft leuchten. Der rote Stern ist ein international anerkanntes Symbol der Arbeiterbewegung.
Die Grundlage dieser Variante ist in der Werbung zu finden. Das Geschirrspülmittel Pril, warb 1967 mit Pril-rosé, einer neuartigen Variante des Spülmittels. Das Ausrufezeichen am Ende der kürzesten Variante der Flugblätter wurde mit der Form einer Träne stilisiert. Die lyrische Variante stellt eine experimentelle Version dar, in der kreativ mit Sprache umgegangen wurde. Dabei weist sie einen sehr hohen Symbolgehalt auf, wie es typisch für ein Gedicht ist. Dieser Symbolgehalt wird zunächst aufgrund der Illustration der Variante augenscheinlich: Rauchwirbel, Sterne und eine Träne.
REVOLUTION IN ROSE REVOLUTION IN ROT - auf den ersten Blick macht das für den Rezipienten dargelegte Revolutionsversprechen keinen Sinn. Stellt diese Sentenz doch lediglich eine Verkettung von Worten dar. Das Charakteristikum erschließt sich vielmehr erst aufgrund der Hinzunahme der vorherigen Flugblätter, es ist somit ein Vorwissen für die Entschlüsselung der Botschaft erforderlich. Ebenfalls wichtig für das Verstehen des Inhaltes ist die Kenntnis, dass Flugblatt 9 lediglich eine Variante darstellt. Somit verfügt der Rezipient bestenfalls über die weiteren Flugblätter, oder ist zumindest über das Geschehen in Brüssel im Bilde, aufgrund dessen er sich den Inhalt erschließen kann.
Das *FLAMMENDE ROT,* durch das *PELZE AUF DIE STRASSE FLIEGEN* verweist auf den bereits thematisierten Kaufhausbrand in Brüssel. Der Pelz wurde nicht zufällig gewählt, ist er doch das Symbol für Status und Reichtum. Wenn die Pelze im Kontext eines Brandanschlages auf die Straße fliegen, so zwingt sich beim Leser der Eindruck auf, dass diese Insignien weit wichtiger sein könnten, als ein Menschenleben selbst. *FÜR JEDE HAUSFRAU BRÜSSELS EINEN NERZ* – dieser Lesart folgend wäre es ein Handel Menschleben gegen *PELZ/NERZ.*
Vollkommen klar, dass sich das Flugblatt auf den Kaufhausbrand in Brüssel bezieht, wird es, wenn es im nächsten Satz *L`INNOVATION ROSAROTE INVASION* heißt. Auch mit dem *VÖLLIG NEUE REVOLUTIONIERENDE GEFÜHL* bezieht sich das Schreibkollektiv auf die verheerende Brandkatastrophe in Brüssel und auf die vorangegangenen Flugblätter. Auf die Spitze getrieben wird diese Annahme mit EINE FLASCHE

PROPANGAS UND SIE KÖNNEN DASSELBE ERLEBEN. Diese Flasche soll dazu dienen, eine Brandkatastrophe, ähnlich der in der belgischen Hauptstadt, zu wiederholen. Dies sei dann *DIE HÖCHSTENTWICKELTE PROPAGANDA FÜR JOHNSONS VIETNAM POLITIK.* Mit dem „Kriegshappening" soll dann dieser Lesart folgend, ein Gefühl dafür vermitteln, was die Opfer des Krieges jeden Tag erleiden müssen. Das *AMERIKANISCHE KULTURGUT* werde dann von ROSA-GRAUEN WOLKEN UMSCHMEICHELT. Einerseits wird hier die Kultur der Amerikaner zu einer vermeintlichen „Unkultur" stilisiert, des Weiteren lässt sich aufgrund des Verbs „umschmeicheln" eine Verbindung zur Werbesprache aufzeigen. Da die Pril Werbung des Jahres 1967 als Vorlage für das Flugblatt fungiert, liegt die Assoziation eines besonders angenehmen, für die zarte Frauenhand geeignetem Spülmittels auf der Hand. Auch inhaltlich wird vermehrt die Frau in ihrer Rolle als Konsumentin angesprochen: Zum einen verweist die kreative Nennung der Farben auf ein primär weibliches Publikum, zum anderen sind die Pelze explizit für die Frauen gedacht. Die vermeintliche Zielgruppe, die Hausfrauen, werden sogar als solche angesprochen. Mit dem Wortspiel *ROSE GRAUE WOLKEN* entwirft das Autorenkollektiv ein Sinnbild, welches auf eine Kathedrale des Konsums verweist, die nun in Flammen aufgeht. Mit der Nennung der Farbe *ROSE* wird somit noch einmal explizit auf die Frau in ihrer Rolle als Konsumentin verwiesen. Ganz nebenbei offenbaren sich so Strategien der Werbung.

Folgt man dieser Lesart und wendet auch hier das AIDA Modell an, so wird aufgrund des „Werbeslogans" REVOLUTION IN ROSE REVOLUTION IN ROT die Aufmerksamkeit (attention) der Konsumentin auf die Anzeige gelenkt. Das Interesse (interest) ist spätestens dann geweckt, wenn jeder Hausfrau ein Nerz versprochen wird. Daraus resultiert der anschließende Wunsch, einen solchen auch zu besitzen. Dieser Diktion erlebt allerdings rasch einen Bruch, denn anschließend wird das *VÖLLIG NEUE REVOLUTIONIERENDE GEFÜHL* gepriesen. Mit *SIE KÖNNEN DASSELBE ERLEBEN* wird schließlich der Wunsch der Konsumentin (desire) geweckt. Dieser Wunsch wird aufgrund der *APOKALYPSE VON BRÜSSEL* ins schier unermessliche gesteigert. Die Handlung (action) soll anschließend bei *KEPA UND KADEWEH* erfolgen.

Benannt werden gleich zwei Konzerne, die ein Symbol für das Wirtschaftswunder Deutschland darstellen. Dabei bedienen sich die Schreiber auch derer für die Werbung nicht untypischer stilistischer Mittel. Das stilisierte, Lautmalerische „weh" in KADEWEH unterstreicht zudem die inhaltliche Aussage. Dem Rezipienten tönt das Wehklagen der Opfer förmlich in den Ohren. Auch hier wird eine Verbindung zu Vietnam

obsolet. Wiederholungen einzelner Sentenzen *(REVOLUTION IN ROSE REVOLUTION IN ROT – DURCH REVOLUTION IN ROSÉ * PROPANGAS IN ROT),* Reim *(L'INNOVATION - ROSAROTE INVASION)*, komparierte Adjektive *(DAS VÖLLIG NEUE REVOLUTIONIERENDE GEFÜHL)* Lautmalerei (*KADEWEH)* und durch Zielgruppen Ansprache *(JEDE HAUSFRAU – SIE SELBST)* offenbaren einen werbenden Charakter des Flugblatts. Auffällig ist dabei auch die unterschiedliche Schreibweise am Anfang und am Ende des Slogans. Zunächst wird die Farbe rosé ohne Akzent, am Ende des Textes mit Akzent geschrieben. Das Ende der Sentenz weist somit eine besondere Betonung auf. Werbungstechnisch betrachtet entspräche das Flugblatt 9 dem Stil nach einer „low-budget“ Reklame, einer kostengünstige Alternative, mit dem der Konsument zum Kaufen animiert werden soll.
Flugblatt 10[140] beendet die Reihe der Flugblätter zum Kaufhausbrand. Die Flugblätter der Kommunarden sind derweil bereits der Springer Presse bekannt, die diese mit einem sensationsheischenden Kommentar versehen am 27.05.1967 wieder abdruckt. Am 30.05. geben sie den Original Artikel, der BZ als Flugblatt 10 heraus und komplementieren ihre Reihe zum Kaufhausbrand. Somit haben sie die BZ gleich mehrfach persifliert.

[140] 400 Tote - für sie ein Happening; Verfahren gegen die Kommune I (Flugblatt 10); in: Kommuneforschung, Berlin 1967.

5. Das Flugblatt als radikales Postulat

5.1 Flugblatt 22 - Entmenschlichung als Strategie

ZUHÖREN – Ihr Murmelgreise und Schleimscheisser des „Rechts"

ZUHÖREN – Ihr Branstiftersoldaten und Feuerwehrsoldaten !

Ihr dachtet wohl, den Fritz und den Rainer würdet Ihr fertigmachen können. Sieben von uns, da habt ihr recht, das hätte ja nur mit vorzeitiger Pensionierung enden können. Die wagten ja nicht mal, uns in den Zuschauerraum zu lassen. Die bezahlten Dauerrentner mit Anspruch auf lebenslänglichen Platz in den Opern füllten die Bänke, und die Tribüe – die wurde schon gar nicht aufgemacht, da hätte man

ja gleich auf die Druckmäuser hinunterspucken können.

Ihr zittert ja richtig!

Aber das ist noch garnichts:

Wir werden Euch die Ohren abschneiden, Ihr Rechtsdiener, und die Hoden, die

Finger ausstechen – und vorher foltern wir Euch noch so richtig feste.

Das kommt Euch

doch sicherlich bekannt vor – oder? Vietnam, da steckt Ihr doch mit unter der Decke oder bestreitet ihr das? Wir werden sie Euch wegziehen, die wärmende Decke, da wird's

Euch kaltwerden und die Arme und Beine werden hervorschauen und die werden wir abhacken, durch stechen, rösten, vierteilen, abhäuten und den Geiern zum Frass vorwerfen. Das gibt ein Schlachtfest, wenn die Decke ganz weg ist. Da wird es erst spritzen, das Blut, Talare als Aufwischlappen und Euer Geheul wird unsere Tanzmusik.

Wir werden brüllen vor Lachen.

Macht ruhig weiter, so „Im Names des Volkes" und so. Wir werden in Tegel eine Gegenuniversität machen. Wir haben schon 200 Rückmeldungen und die Dozentenstellen sind besetzt. Endlich schreitet die Hochschulreform voran.

BLEIBT NICHT ZURÜCK!

KOMMUNE I, AM 1. TAG DER MOABITER SEIFENOPER, BERLIN, DEN 6. JULI1967

Am 6. Juli 1967 fand der Prozess um die berühmt-berüchtigten Flugblätter zum Brüsseler Kaufhausbrand statt. Die Protagonisten der Kommune I setzen ihre gewohnten Kindereien fort. Rainer Langhans folgte der Einladung des Staatsanwalts zwar, trug aber *eine rosa Sommerjacke, eine Art Turnhemd und als größte Besonderheit eine schon verschlissene Jeans. Seine nackten Füße steckten in Jesuslatschen.*[141] Allein seine äußere Erscheinung entspricht einer ungeheueren Provokation. Es ist ein Angriff auf die etablierte Alltagskultur, auf das Establishment, den er auch mit visuellen Reizen fortsetzt. Gleichzeitig ist es der Abgesang auf die Leistungsgesellschaft. Auch die Dialoge

[141] Enzensberger: Kommune I, S. 179.

zwischen Rainer Langhans, Fritz Teufel und dem Staatsanwalt entbehren nicht jeglicher Komik:

Schwerdtner: Und die inneren Ziele? Ich möchte wissen, wie es bei Ihnen aussieht?

Fritz: Besuchen Sie uns doch mal.[142]

Die kritische Distanz zwischen Staatsanwalt und Angeklagten wird vollkommen aufgehoben, das „Gericht“ wird lächerlich gemacht und veralbert. Dabei setzt Langhans vollkommen auf die Provokation, auf *Ironisieren und Unterlaufen von Autoritäten.*[143] Die Befragten versuchen so, eine Gegenstrategie zu etablieren. Auch die staatliche Instanz reagiert: und zwar mit einem psychiatrischem Gutachten. *Richter, Staatsanwalt und psychiatrischer Gutachter antworten darauf häufig mit Ausflüchten und Zurückweisungen, Strafandrohungen und teilweise auch, im Moment der Erschöpfung oder herausgeforderten Einigkeit, mit eigentümlichen Meinungsbekundungen - und stehen darum nicht selten „nackt“ bzw. wissentlich oder unwissentlich blamiert da.*[144]

In Anlehnung an die aus den USA importierten „Soap Operas“ wirbt die Kommune I für die „Moabiter Seifenoper“. Soap Operas sind oftmals mit geringem finanziellem Aufwand produzierte Fernsehserien, die allerdings auf Laufdauer angelegt sind. Diese Anspielung offenbart, dass auch die Politclowns der Kommune I von einer lang anhaltenden Verhandlung ausgehen.[145]

Es klingt wie ein schneidender Befehlston im Militärjargon, wenn der Leser zum „Zuhören“ aufgefordert wird. Aufgrund des Ausrufezeichens am Satzende wird diesem Befehl noch zusätzlich Nachhaltigkeit verliehen. Dieser Imperativ, aus Majuskeln bestehend und deshalb gleich doppelt effektiv, impliziert eine gewisse Ironie. Treffender wäre es gewesen, hätte der Schreiber zum „Lesen“ aufgefordert. Da der Anlass allerdings die „Moabiter Seifenoper“, der erste Verhandlungstag im Prozess wegen „Aufforderung zur menschengefährdender Brandstiftung ist“ muss sich die Kommune I – im wahrsten Sinne des Wortes – Gehör verschaffen. Denn auch sie hat einiges zu sagen.

Die Anrede ist zweigliedrig. Intention ist es, größtmögliche Aufmerksamkeit zu erlangen und den Leser so zum weiter lesen zu animieren. Mit den vulgärsprachlichen Ausdrücken *Murmelgreise und Schleimscheisser des „Rechts“* werden explizit die Anwesenden im Gerichtssaal und die rechtsstaatlichen Vertreter angesprochen. Mit *Branstiftersoldaten und Feuerwehrsoldaten* wird ein Bezug zum Flugblatt 20 hergestellt. *Bran-*

---

142 Ebd. S. 181.
143 Hakemi: Spektakel, S. 70.
144 Ebd. S.71
145 Enzensberger.: Kommune I, S, 178.

stiftersoldaten und Feuerwehrsoldaten bezieht sich somit auf Gleichgesinnte. Geschickt wird so ein Bezug zur eigenen Historie und auch zum aktuellen Anlass hergestellt. Schließlich sollen Rainer Langhans und Fritz Teufel, die die Brandstifter Flugblätter maßgeblich verteilten, im Moabiter Landgericht zur Verantwortung gezogen werden.
Das Wort *Branstifter* an Stelle von *Brandstifter* ist nicht korrekt. Vermutlich ist intendiert, die Aufmerksamkeit auf das Flugblatt zu lenken. Vielleicht aber auch den Unmut des Rezipienten auf sich zu ziehen, getreu des Mottos: Das „Gesindel" kann nicht richtig schreiben. Dies wäre dann eine weitere gesellschaftliche Provokation. Der Textkorpus ist klar erkennbar in Absätze untergliedert. Optisch in der Mitte des Textes platziert befindet sich eine Einrückung, die den Blick des Lesers auf sich zieht. Auch inhaltlich ist diese Passage besonders brisant. Die Sprache ist sehr bildlich, die Wortwahl sehr expressiv.
Schon in der Ansprache distanziert sich das Autorenkollektiv mit dem Anredepronomen *Ihr* inhaltlich von den Angesprochenen. Es gilt, den Staat mit seinen Institutionen anzugreifen und zu verhöhnen. Dies kommt sprachlich deutlich zum Ausdruck. *Ihr dachtet wohl, den Fritz und den Rainer würdet Ihr fertigmachen können.* Durch das Modalverb *wohl* und den Konjunktiv wird dies allerdings als sehr unwahrscheinlich eingeschätzt. Somit werden Macht und Überlegenheit seitens der Schreiber zum Ausdruck gebracht. Die Kommune I demonstriert Einigkeit: *Sieben von uns, das hätte ja nur mit vorzeitiger Pensionierung enden können.* Unterschwellig wird hier eine Drohung ausgesprochen. Die Spaßguerilla sei dazu fähig, die Staatsvertreter in den Wahnsinn zu treiben und ihre berufliche Karriere vorzeitig zu beenden. Und dies in ihren Augen auch zu Recht: Nachweislich befanden sich noch immer die alten nationalsozialistischen Kader in der Mitte der Gesellschaft.
Dass die Instanz offenkundig Angst vor den Unruhestiftern hatte, bezeugen auch die nächsten zwei Sätze. Anstelle der Kommunarden seien bezahlte *Dauerrentner mit Anspruch auf lebenslänglichem Platz in den Opern* anwesend gewesen.
Die Oper, Ausdruck einer bourgeoisen Lebensweise, symbolisiert vieles, auf das sich der Furor der Kommunarden richtet. Ein Angriff auf die Oper ist gleichzeitig der Angriff aufs Establishment und auf die Spießigkeit.[146] Gleichzeitig lässt das Adjektiv *lebenslänglich* noch eine weitere Lesart zu. Die Altvorderen der Gesellschaft, die ironi-

[146] Nachweislich gab es 1967 auch eine Aktion in der Deutschen Oper, an der u. a. Andreas Baader, Gudrun Ensslin, Thorwald Proll und noch eine weitere antiautoritäre Fraktion beteiligt gewesen sind. Dieses Happening wurde unmittelbar nach der Aktion „A-L-B-E-R-T-Z A-B-T-R-E-T-E-N" inszeniert. Die Beteiligten sind somit zum unmittelbaren Umfeld der Kommune I zu zählen.
Vgl. Proll / Dubbe: Stern, S. 25.

scherweise nun einen *Anspruch auf einen lebenslänglichen Platz in den Opern* haben, verdienen in den Augen der Kommunarden mindestens *lebenslänglich* einen Platz hinter Gittern – wie auch mit nicht wenigen Nazi-Schergen geschehen.
Mit dem Schlagwort *Oper* lässt sich ein ironischer Bezug zum Titel *Moabiter Seifenoper* des Flugblatts herstellen. Aufgrund der Interaktion klangähnlicher Wörter ergibt sich so eine Paranomasie. Allerdings lässt sich in der Rückschau nicht mehr eruieren, ob es ein zufälliger Bezug ist oder Titel oder Schlagwort die Autoren zur rhetorischen Figur inspiriert haben.
(...) und die Tribüne – die wurde schon gar nicht aufgemacht, da hätte man ja gleich auf die Duckmäuser hinunterspucken können. Auch diese Sentenz ist – nicht zuletzt aufgrund des Konjunktivs und des Adverbs – als bloße Ironie zu verstehen. Den staatlichen Instanzen wird somit ein fehlendes Vermögen attestiert, sich adäquat mit den „Spaßvögeln" auseinanderzusetzen. Trotz der ironischen Überhöhung, vollkommen Unrecht hatten die Kommunarden damit wohl nicht. So schafften sie es doch, die *Gerontokratie* zu blamieren und der Lächerlichkeit preis zu geben. Nichtsdestotrotz ist das Spucken eine Form der Erniedrigung. Die Verachtung der Angeklagten soll den Herrschenden somit symbolisch ins Gesicht geschleudert werden.
Ihr zittert ja richtig! - stellt eine Bestandsaufnahme dar, die ebenfalls ironisch zu verstehen ist. Das Autorenkollektiv spielt mit dem Gefühl der Angst und will so Bilder beim Rezipienten erzeugen. Vermutlich ist es auch der von ihnen gewünschte Gefühlsaudruck, da die Künstler eine psychologische Übertragung hervorrufen wollen. Ziel ist das emphatische Gefühl beim Empfänger.
Aber das ist noch garnichts: Mit der Feststellung wird der vorläufige Höhepunkt markiert und den Leser gleichzeitig zum weiter lesen animiert. Die Neugierde des Rezipienten - auf das was da wohl noch kommen mag - ist geweckt. Die Sentenz klingt sensationsheischend. *Wir werden Euch die Ohren abschneiden, Ihr Rechtsdiener, und die Hoden, die Finger ausstechen – und vorher foltern wir Euch noch so richtig feste.*
Mit dem Possessivpronomen *wir* und dem Anredepronomen *Euch* sind die Grenzen zwischen Freund und Feind schnell gezogen. Die Wortwahl ist sehr expressiv, die vielen Verben vermitteln dem Rezipienten das Gefühl von starker Aktivität. Das Beschriebene ist an Grausamkeit und Brutalität kaum zu überbieten. Die Initiatoren begnügen sich nicht damit anzukündigen, dass die *Rechtsdiener* gequält werden sollen, sondern sie beschreiben detailliert, wie dies geschehen soll. Somit werden der Leserschaft *Images* projiziert, die Fantasie wird angeregt. Der Film kann im Kopf beliebig weiter gedreht

worden. Es werden Foltermethoden aufgezählt, die beim Rezipienten Angst und Schrecken evozieren sollen. Es sind sadistische Maßnahmen, wie sie Menschen im Krieg oder in weniger zivilisierten Teilen der Erde zur Erpressung eines Geständnisses im Gefängnis erfahren. Es ist ein Elend, wie es die Menschen auch im Vietnamkrieg erfahren haben dürften. Der Rezipient empfindet Gefühle der Angst, des Ekels und der Hoffnungslosigkeit. Aber dies ist auch die Wirkungsabsicht der Urheber: Der Leser soll sich elend fühlen, er soll leiden, er soll die Angst spüren. Dabei haben die Produzenten des Flugblatts primär eine Zielgruppe identifiziert, die diese Gefühle im besonderen Maße erleiden sollen: die *Rechtsdiener.* In dieser Berufsgruppe erkennen sie den personifizierten Feind, da viele Nazischergen in den Reihen der Juristen sitzen. Die Passage entbehrt jedwede Ironie, erst das *„so richtig feste"* weicht diese Sentenz auf und entreißt ihr die Objektivität. Dieser Ausdruck verweist auf eine kindliche Ausdrucksweise, was den Ernst der vorangegangenen Zeilen schmälert.

Allerdings hat der Kommunarde Fritz Teufel selbst ein ambivalentes Verhältnis zur Justiz. Der Student, der als Oberschüler selbst einmal einem Prozess zu den Gräueltaten in den Vernichtungslagern beiwohnte, bemerkt: *„Mir lief es da kalt den Rücken runter, als ich gemerkt habe, was verhandelt wurde. Das Schlimmste aber war, dass die Richter und Angeklagten verblüffend ähnlich waren und das die unheimlich höflich und verständnisvoll miteinander umgegangen sind."*[147]

Das kommt Euch doch sicherlich bekannt vor – oder? Vietnam, da steckt Ihr doch mit unter der Decke oder bestreitet ihr das? Mit der rhetorischen Frage, in der die Leserschaft direkt angesprochen wird, wird diese persönlich haftbar gemacht. Dieser Satz soll das Erbringen einer Transferleistung beim Rezipienten auslösen, der dann die Gefühle, die er empathisch selbst gerade empfunden hat, auf die Situation in Vietnam überträgt. Er soll seine eigenen Ängste, seine Verzweiflung, seine Ohnmacht und Wut auf den Krieg in Vietnam transferieren. Allerdings brechen die Erschaffer dieses empathische Gefühl bereits im nächsten Moment. Die vermeintlichen Opfer werden wieder zu Tätern stilisiert. Die wärmende *Decke* schützt und behütet. Unbewusst wird hier das Symbol der Kollektivschuld angedeutet, wer sich nicht gegen die Machenschaften des deutschen Staats und eine Intervention in Vietnam erhebt, der macht sich automatisch mitschuldig. Es kann nicht sein, dass dieselbe Generation, die das Dritte Reich mit seinem Terror erlebt hat, dem Krieg in Vietnam nur Stillschweigen entgegensetzt. Mit Wirtschaftswunder und Konsum würden so die eigentlichen Missstände kompensiert werden.

[147] Fritz Teufel, zitiert nach: Carini, S. 21.

Schweigen bedeutet gemäß dieser Auslegung bereits Zustimmung, denn wer für diesen Staat ist, ist auch für den Krieg in Vietnam. Für die Akteure ist die Solidarität der Bundesrepublik äußerst fragwürdig, besonders im Hinblick auf die flächendeckende Bombardierung in Nordvietnam. Somit verkommt das Agieren der Staatsvertreter *zur wenig glaubhaften Staatsangelegenheit.*[148] Implizit wollen die Kommunarden zum Protest aufrufen, nachdem sie die Gefühle durch Imaginationen bereits am eigenen Leib für den Leser sichtbar gemacht haben. Aufgrund der rhetorischen Fragen wird der Leser so gezwungen, sich selbst zu positionieren. Er muss sich fragen, ob er sich pro oder kontra Staat, pro oder kontra Vietnam positionieren will.

Wir werden sie Euch wegziehen, die wärmende Decke, da wird's Euch kaltwerden und die Arme und Beine werden hervorschauen und die werden wir abhacken, durch stechen, rösten, vierteilen, abhäuten und den Geiern zum Frass vorwerfen.

Die Initiatoren setzen auch im nächsten Absatz ihre Strategie fort, die sprachlichen Formalien bleiben dabei erhalten. Die Schreiber des Flugblatts sprechen eine offene Drohung aus. Neben dem Pleonasmus, *wärmende Decke,* werden gleich mehrere mögliche Konsequenzen prophezeit. Mit der Metapher *den Geiern zum Fraß vorwerfen* werden die Menschen symbolisch entmenschlicht. Sie werden mit Aas verglichen, welches nur noch den Sinn und Zweck hat, von den Geiern verzehrt zu werden. Diese Entmenschlichungsstrategie war ebenfalls bei der späteren RAF evident. In ihrem kontrastierenden Freund/Feind-Schema entmenschlicht sie den Feind und bezeichnet diesen als „Schwein". Die Diskrepanz versucht Ulrike Meinhof folgendermaßen zu lösen: *„Das ist ein Problem, und wir sagen natürlich, die Bullen sind Schweine, wir sagen, der Typ in Uniform ist ein Schwein, das ist kein Mensch, und so haben wir uns mit ihm auseinanderzusetzen. Das heißt, wir haben nicht mit ihm zu reden, und es ist falsch überhaupt mit diesen Leuten zur reden, und natürlich kann geschossen werden."*[149]

Offensichtlich ist es leichter, wenn nicht der Mensch, sondern das Tier, der Bulle oder das Schwein, hingerichtet wird. Gilt doch das Schwein als Schmähwort, mit dem Unsauberkeit und Schmutz verbunden werden. Als Schimpfwort verwendet, enthält es eine pejorative Bedeutung. Eines ähnlichen Mechanismus bedient sich auch die Kommune I in ihren Flugblättern. Deshalb ist es nicht vollkommen abwegig, die Akteure der Kommune I als geistige Vordenker der RAF zu bezeichnen.[150] Vieles von dem was die

---

[148] Aly: Kampf, S. 146.

[149] Ulrike Meinhof zitiert nach: Willi Winkler: Die Geschichte der RAF, Berlin 2007, S.172.

[150] Interessant ist an dieser Stelle auch die Frage, inwiefern die Kommune I den Wortschatz der späteren

Kommune I symbolisch etablierte, setzte die RAF tatsächlich in die Tat um. Allerdings muss diese These äußerst differenziert betrachtet werden und erfordert eine eingehende Untersuchung.[151]

Die Entmenschlichung setzt sich mit dem *Schlachtfest* im Flugblatt fort. Üblicherweise geht dem Schlachtfest die rituelle Tötung eines Tieres voraus, dass später nicht selten bei einem Festmahl verspeist wird. Das Autorenkollektiv überträgt mit *abhacken, durch stechen, rösten, vierteilen, abhäuten* jenen Prozess auf die menschlichen Individuen, die rituell geschlachtet werden sollen. Dieser Ritus impliziert einen pseudo-religiösen Habitus, der in der nächsten Sentenz aufrechterhalten wird. *Da wird es erst spritzen, das Blut, Talare als Aufwischlappen und Euer Geheul wird unsere Tanzmusik.* Auch hier werden Bilder evoziert, der Tathergang wird akribisch beschrieben. Es klingt wie eine düstere Prophezeiung, eine rituelle Umwandlung, in der die Insignien der Macht den eigenen Tod besiegeln. Üblicherweise wird das Talar nur von bestimmten Berufsgrup-

---

Bewegung, der RAF und der post-1968-Gesellschaft prägte. So sollen die Kommunarden das expressive Wort *„scheiße"* zugleich als Substantiv, Adjektiv, Suffix und Präfix in jeder denkbaren Verbindung benutzt haben: *Orgasmusscheiße, Scheißorgasmus, Scheiße im Gehirn, Du redest Scheiße* oder *Ich find' die Frau scheiße.* Auch „Chose" schien ein beliebtes Wort gewesen zu sein: *SDS Chose, Zeitungschose, Geldchose, Weiberchose.* Ebenfalls zum aktiven Wortschatz der Kommune I gehört das noch heute in diesem Kontext sehr gebräuchliche Wort *unheimlich.* Allerdings dient es dazu das Adjektiv zu komparieren: *unheimlich beschissen, unheimlich Schiß, unheimlich Kacke.* Im Zusammenhang mit Sexualität wurden betont aggressive Ausdrücke verwendet: *Tanten, Fotzen, ficken, pimpern, stoßen, vögeln, bumsen.* Diese raue Wortwahl setzt sich schließlich auch bei der RAF fort. Möglicherweise hat diese Verrohung der Sprache ihren Ursprung im Landser- bzw. Knastjargon. Dieser Frage kann an gegebener Stelle allerdings nicht intensiver nachgegangen werden, sie würde sich allerdings für eine weiter führende Analyse eigenen.
Vgl: Klaus Rainer Röhl: Mein langer Marsch durch die Illusionen, Wien 2009, S. 242.
Dieser sprachliche Duktus setzt sich auch fort, als die APO erste Auflösungserscheinungen zeigt und die Bewegung in die umherschweifenden Haschrebellen und die Tupamaros Westberlin transformiert wird: Ihre Parolen sprechen eine eigene Sprache: „High sein, frei sein – Terror muss dabei sein", „Haschisch, Opium, Heroin – für ein schwarzes Westberlin", „Macht kaputt, was Euch kaputt macht", „Pig is Pig... Pig muß Putt". Dabei offenbare sich nicht *nur ein cartoonartig-klischeehafter Bewußtseinsstand, sondern auch überschäumendes Aggressions- und* Destruktionsmaterial. Ihre Sprache sei geprägt von *Sarkasmus* und *menschenverachtendem Zynismus.* Der Gewalt wird nicht mehr länger entsagt, sondern der Strudel der Vehemenz kulminiert zu einem Exzess, in dem die Allmachtsphantastereien Überhand gewinnen und Befreiung versprechen.
Vgl: Wolfgang Kraushaar: Gemeindehaus, S. 156.
Auch personell sind sich die Mitglieder der Kommune I und der späteren RAF vertraut. Anfang Februar 1970 trafen sich Ulrike Meinhof, Gudrun Ensslin, Andreas Baader, Peter Homann, Horst Mahler (alle RAF) und Dieter Kunzelmann (Kommune I) in Berlin, um über den Aufbau einer militanten und revolutionären Bewegung zu diskutieren.
Sara Hakemi, Thomas Hecken: Ulrike Meinhof, Leben – Werk – Wirkung, Berlin 2010, S. 44.

151 Zu einer ähnlichen Einschätzung kommt auch Wolfgang Kraushaar im Gespräch mit Jörg Herrmann. Der *dezionistische Grundimpuls* sei auch bei Dieter Kunzelmann ausgeprägt worden. Als Gründe dafür führt er Kunzelmann Mitgliedschaft in der „Gruppe Spur", der „Situationistischen Internationalen", der „Subversiven Aktion", dem SDS und der Kommune I an. Auch die Gründung der „Tupamaros Westberlin" und sein späterer Schritt in die KPD/AO zu wechseln, sprächen für diese These. Andreas Baader zähle zu den *„Satelliten der Kommune I."* Als Ebalorator gehört er zu jener Gruppe, die in den Flugblättern der Kommune I geforderten Warenhausbrand verwirklichen.
Vgl: Kraushaar: Fischer, S. 242.

pen wie Geistlichen, Juristen oder Professoren getragen. Aufgrund der Diktion, dass sich Gewalt im Recht verwirklicht und Rechtsetzung ein Akt *von unmittelbarer Manifestation der Gewalt ist (Benjamin)*[152], wird die Staatsgewalt von den Kommunarden karikiert und sinnbildlich gebrochen.

Vor dem symbolischen Jüngsten Gericht, bei dem das Autorenkollektiv über Leben und Tod entscheidet, sind diese Insignien der Macht allerdings nichts wert. Ganz im Gegenteil: Sie erfahren eine Umwandlung und sollen dazu dienen, den Schmutz zu beseitigen. Das *Geheul* lässt ebenfalls an ein Rudel Wölfe – und somit an Tiere – erinnern, allerdings nicht an leidende Menschen. Für die „Spaßguerilla" soll diese symbolische Hinrichtung schließlich auch zu einer Spaßveranstaltung mit Tanzmusik avancieren. *Wir werden brüllen vor Lachen.* Mit diesem Satz ist die Klimax erreicht. Die Opfer werden offenkundig verhöhnt. Die symbolische Tat weist fehlende Empathie und ein dissoziales Verhalten auf.

Im letzten Absatz erfolgt der inhaltliche Bruch, das Ende wirkt abrupt und philologisch unschön. Thematisiert wird nicht mehr der Vietnamkrieg, sondern es geht plötzlich um die *Alma Mater.* Die Kommunarden planen eine Gegenuniversität in Tegel.

Macht ruhig weiter, so „Im Namen des Volkes" und so. Wir werden in Tegel eine Gegenuniversität machen. Wir haben schon 200 Rückmeldungen und die Dozentenstellen sind besetzt. Endlich schreitet die Hochschulreform voran.

Die Aufforderung, alles beim Alten zu belassen, offenbart einerseits eine gewisse Resignation, andrerseits aber auch die Missgunst des Sprechers. Die Aussage impliziert, dass der Aussagende eigentlich ein besseres Konzept zur Lösung des Gordischen Knotens hätte, allerdings nun pikiert und zu keiner Kooperation mehr bereit ist. Dieser Gedanke liegt den Politclowns allerdings gänzlich fern, sodass die Aussage lediglich als rhetorisches Mittel gelten muss, um die juristischen Instanzen zu blamieren. In der letzten Passage wird ein trotziges, nahezu infantiles Verhalten augenscheinlich. Das Autorenkollektiv gaukelt dem Rezipienten eine vermeintliche Alternative vor, die faktisch allerdings zu keinem Zeitpunkt wirklich existent ist. So soll die Gegenuniversität als ein Produkt erscheinen, welches aus der nicht vorhandenen Gesprächsbereitschaft der gesellschaftlichen Distanzen resultiert ist.

---

[152] Benjamin: Gewalt, S. 57.

5.2. Der Rundbrief - die symbolische Ordnung zu Grabe tragen

Kommune I, Kaiser-Friedrich-Straße 54a 6.8.67

Liebe Freunde!

Am Mittwoch, 9. werden genau die Leute hier in Berlin einen gewissen Paul Löbe, Vorsitzenden des Unheilbaren Deutschland etc. pp. hier feierlich einbuddeln, die der berliner Justiz und Adminstration die längst fällige Bestattung seit dem 2. verweigern: Brandt, Kiesinger, alle, alle kommen. Das von uns lang ersehnte Staatsbegräbnis ist da! Wir müssen ihnen nur noch die richtigen Leichen unterjubeln: Albertz, Büsche, Duensing, den Senat mit seiner Polizei und Justiz, sie alle werden wir am Mittwoch feierlich im gebührenden Rahmen begraben. Wer kondollieren will, und am Mittwoch dabei sein will, soll Donnerstag abend 20 Uhr zu uns kommen. Lasst euch was einfallen oder lest wenigstens die Zeitungen, damit ihr über die einzelheiten der Beerdigung Bescheid wisst. Bis Dienstag

KI

„Um die Menschen in Bewegung zu bringen, muss man den Teufel im Leib (bzw. Loch) haben. (Bakunin)

Das Begräbnis von Paul Löbe nimmt das Autorenkollektiv zum Anlass, um einen Rundbrief zu verfassen. Der Sozialdemokrat Paul Löbe musste 1932 sein Amt an den Nationalsozialisten Hermann Göring abtreten. Er avancierte fortan zum „Günstling" Görings. Den Nationalsozialismus überstand er dennoch nicht ohne Repressalien. Der Sozialdemokratie treu ergeben stimmte er 1933 gegen das Ermächtigungsgesetz. Als Folge wurde er in ein Konzentrationslager gebracht, aus dem er jedoch rasch wieder freikam. Fünf Jahre später begegnete er Göring erneut. Er nutzte die Audienz um Forderungen auf seine Rente als Reichstagspräsidenten geltend zu machen, was ihm in Widerstandskreisen verübelt wurde.[153]

Wie Phönix aus der Asche gelingt es ihm nach 1945 wieder eine bedeutende Stellung in der Berliner Politik einzunehmen. Dabei bekleidete Löbe gleich mehrere Ämter: Mitglied des Parlamentarischen Rates, bei der Eröffnung des Bundestags war er dessen Alterspräsident und seit 1954 war er Vorsitzender des Komitees „Unteilbares Deutschland" gewesen, auf den die Kommune I mit einer Verballhornung auch in ihrem Rundbrief Bezug nimmt.[154]

Die Anrede *„Liebe Freunde"* impliziert, dass sich Schreiben an die Gesinnungsgenossen richtet. Dennoch ist auch eine andere Lesart denkbar: Neben den *Freunden* in der APO wurde der Rundbrief explizit auch an die Pressevertreter gerichtet, denn die Kommune I ist für jedwede Publicity dankbar. Tatsächlich fällt die Mitteilung auch den Journalisten von Springers Morgenpost in die Hände, die diesen Beitrag – der original

[153] Enzensberger: Kommune I, Köln 2004, S. 192.
[154] Ebd., S. 192.

Orthografie folgend – abdrucken. Der Kommunarde Enzensberger bemerkt zum Rundbrief, *„am 6. August schrieben wir unseren Freunden."* Allerdings lässt die Art, wie diese offenen Briefe „verschickt" wurden, auch auf eine andere Zielgruppe schließen. Allein die Postverteilung stilisieren die Spaßaktivisten zu einem Happening in gewohnter Manier. *„Am Tag vor dem Staatsakt flatterten mittags wieder Flugblätter vom Hochhaus des Europa-Centers. Zeitgleich zündete auf dem nahe gelegenen Turm der Gedächtniskirche eine von zwei Rauchbomben und hüllte die Kriegsruine in dunklen Qualm."*[155]

Die Adressaten bzw. die Rezipienten sind somit nicht ausschließlich akademisch gebildet, sondern die Schrift ist für die ganze Gesellschaft zugänglich. Somit wird nicht ausgeschlossen – und es ist vermutlich intendiert – dass die Rundbriefe nicht nur von Gleichdenkenden und *Freunden* gelesen werden. In summa ist es auch eine Möglichkeit, den Adressatenkreis zu vergrößern und so an der Kommune I Interessierte zu rekrutieren.

Die Textart lässt sich eindeutig als Brief klassifizieren, denn das Schreiben enthält alle relevanten Kriterien: Im oberen Textabschnitt werden Ort und Datum genannt, es folgen Anrede, Textkorpus und Signatur des Verfassers. Die Zuschrift endet mit einem post scriptum, welches jedoch als solches nicht kenntlich ist. Es ist ein entlehntes Zitat des russischen Anarchisten Bakunins. Formal ist der offene Brief eine Einladung, mit Nennung des Treffpunkts und mit einer Uhrzeit, der Interessierte folge leisten können.

Folgt man der oben beschriebenen Lesart, so impliziert die Anrede eine Doppelstrategie, da sie nicht eindeutig konnotiert wird: Die *Freunde* der Kommune I können dem Aufruf zum Happening tatsächlich folgen, von der Gegnerschaft oder den Rezipienten der Springer Presse muss sie als bloße Satire verstanden werden. Somit obliegt es dem Leser selbst, ob er sich pro oder kontra Kommune I positionieren will. Auch die Wirkungsabsicht ist äquivok. Einerseits sind sicherlich einige Rezipienten dem Aufruf des Wohnkollektivs gefolgt, andererseits dürfte der Rundbrief auch in der Bevölkerung sein Ziel nicht verfehlt haben. Tendenziell hat die bürgerliche Leserschaft diesen „Schrieb" als geschmacklos und makaber empfunden. Ziel war es, das Publikum zu provozieren und Empörung hervorzurufen. Diese Intention hat die Kommune I sicherlich nicht verfehlt. Intention ist es, die niederen Instinkte – wie Sensationslust oder die infame Neugierde – zu befriedigen. Dabei bedienen sich die Aktivisten Mechanismen, denen sich auch die Journalisten des Springerkonzerns bedienen. Allerdings sollte diese Be-

---

[155] Ebd.

friedigung Empörung beim Rezipienten sichtbar machen, um so die in der Gesellschaft immer noch gegenwärtige faschistische Gesinnung „herauszukitzeln." Die Wut entlädt sich allerdings auf die Mitglieder der Wohngruppe. Reaktionen, wie „ins KZ mit ihnen", sind keine Seltenheit. Die Aktivisten spiegeln somit lediglich die Mechanismen der Presse wieder und konterkarieren diese für ihre Zwecke.

Es sind keine Absätze erkennbar, die Optik unterliegt keiner Stilisierung. Die Orthografie folgt nicht den Regeln der Groß- und Kleinschreibung: So werden Substantive groß und Adjektive kleingeschrieben: *Vorsitzenden des Unheilbaren Deutschland (...), die der berliner Justiz (...)* und *damit ihr über die einzelheiten (...).* Ostentativ ist außerdem, dass die Zahlen von eins bis zwölf entgegen des sonst üblichen Usus nicht ausgeschrieben, sondern mit arabischen Ziffern in den Fließtext eingefügt wurden. Dies ist dem Umstand geschuldet, dass sie sich die Zahlen alle auf ein Datum beziehen, welches aber ohne Nennung des Monats erfolgt. Auch innerhalb der Aufforderung *„Lasst euch was einfallen (...)* muss das Anredepronomen groß geschrieben werden. Für gewöhnlich soll grafisch die Anrede hervorgehoben werden. Das Autorenkollektiv widersetzt sich somit den gängigen Normen, was auch über die formal-sprachliche Ebene geschieht.

Außerdem obliegt der Rundbrief einem changierenden Sprachstil. Fremd- und fachsprachliche Ausdrücke wie *Administration, Justiz, kondolieren* kontrastieren mit Worten wie *einbuddeln* oder *unterjubeln.* Die Wortwahl impliziert, dass das Autorenkollektiv selbst gebildet ist und die Sentenzen bewusst platziert hat. Die formal-sprachliche Ebene korreliert somit mit dem Inhalt. Auch die fehlende Rechtschreibung soll provozierend wirken. Sie ist Ausdruck des Protests, denn die Revoluzzer der Kommune I halten sich nicht an die Regeln – auch nicht an die der Sprache. Auch inhaltlich wird Paul Löbe aufs Schärfste diskreditiert. Dazu bemerkt Ulrich Enzensberger in seinen Memoiren lapidar: *„Anfang August stolperten wir über die Zeitungsmeldung, Paul Löbe sei gestorben und habe in Westberlin ein Staatsbegräbnis zu erwarten."*[156]

Das Staatsbegräbnis ist für die Akteure ein willkommenes Event, welches mediale Präsenz und Aufmerksamkeit verspricht. Die Totenruhe empfinden sie nicht als Hindernis, was der Aktionen einen ekelhaften Beigeschmack verleiht. Sie sprechen in ihrer Publikation von einem *gewissen Paul Löbe.* Aufgrund der näheren Bestimmung wird beim Leser der Eindruck suggeriert, dass es sich zwar um eine bestimmte aber unbekannte Person handele, jedenfalls nicht um einen staatstragenden Politiker. Auf diese Weise werden dem Politiker sein Bekanntheitsgrad und seine Gestaltungsmacht abge-

---

156 Enzensberger: Kommune I, S. 190.

sprochen. Da Paul Löbe zu Lebzeiten dem Komitee „Unteilbares Deutschlands“ vorstand, transformieren die Medienstars der Kommune I dies via Wortspiel in ihrem Rundbrief in „unheilbares Deutschland.“ Somit attestieren sie der Bundesrepublik Deutschland auf der symbolischen Ebene eine unheilbare Krankheit. Nicht nur Paul Löbe soll zur Grabe getragen werden, sondern die ganze autoritäre Gesellschaft. Der Einzelne steht für das Kollektiv, der Staatsvertreter repräsentiert die gehasste staatliche Ordnung, die es einerseits zu diskreditieren, andererseits zu revolutionieren gilt. Die Mitglieder der Wohngemeinschaft verunglimpfen außerdem die politische Arbeit des Sozialdemokraten und treffen den Nerv der Zeit an einer sehr empfindlichen Stelle. Die Teilung Deutschlands in Bundesrepublik und Deutsche Demokratische Republik schmerzt die Nation. Besonders die Berliner, deren Stadt in einen Ost und in einen Westteil dividiert ist, bekommen dies immer wieder zu spüren. Das *unheilbare Deutschland* wird zudem auch zum Symbol des Scheiterns und für die deutsche Kollektivschuld. Deutschland ist so lange unheilbar, bis die Nation wieder geeint ist. Die deutschdeutsche Wunde klafft noch immer auseinander und erst mehr als dreißig Jahre später soll sie geschlossen werden. Nicht wenige Sektionen der APO erkennen im „anderen Deutschland“ das „bessere Deutschland“, da sich die DDR an einer sozialistischen Gesellschaftsordnung orientiert.

Brandt, Kiesinger, alle alle kommen. Zwei Politiker unterschiedlicher Couleur und auch Parteienzugehörigkeit – Brandt war in der SPD, Kiesinger in der CDU – werden stellvertretend für alle staatlichen Akteure genannt. Das Autorenkollektiv sieht somit nicht das einzelne Individuum, sondern die Instanz. Für die Akteure der Kommune I waren Politiker in erster Linie Mandatsträger und Staatsrepräsentanten, an denen sie ihre kindliche Einstellung gegenüber Autoritäten ausleben konnten. Dass sich dahinter Menschen mit einer eigenen Persönlichkeit verbergen, rückt für die Aktivisten in den Hintergrund. Was zählt, ist der Akt der Selbstinszenierung.

In welcher Euphorie sich die Akteure befinden, lässt ihr Ausruf *„Das von uns lang ersehnte Staatsbegräbnis ist da!“* erkennen. Dabei geht es ihnen nicht im Speziellen um das Staatsbegräbnis von Löbe, schließlich ist die Kommune I nur durch Zufall über die Sensationsmeldung *gestolpert*, aber es ist ein willkommener Anlass um die Herrschenden in ihre Schranken zu weisen. Die Kommunikation des Autorenkollektivs ist alles andere als gewaltfrei. Auf einer symbolischen Ebene spielt das Autorenkollektiv mit Tod und Sterben. Die Kommune I will die symbolische Ordnung zu Grabe tragen und mit ihr symbolisch die genannten Berliner Staatsvertreter. Gewalt vollzieht sich nicht offen, der Rundbrief enthält keinen Aufruf zur Gewalt, die Gewalt ist unterschwellig, unbewusst vorhanden. Sie ist existent auf einer symbolisch-visuellen Ebene. Der Textkorpus enthält eine hohe Dichte an Worten aus dem Wortfeld Tod: *Bestattung, Staatsbegräbnis, Leichen, begraben, kondolieren, Beerdigung.* Die Kommunarden scheinen sich dabei an einer linken Tradition zu orientieren, denn nachweislich hat auch Rudi Dutschke die SPD mit den Worten einer Rosa Luxemburg zitiert und nannte diese *einen stinkenden Leichnam.*[157] Diesen Duktus lässt auch das Autorenkollektiv aufleben und schürt einmal mehr den Hass auf die Sozialdemokratie. *Wir müssen ihnen nur noch die richtigen Leichen unterjubeln* beschließen sie im Rundbrief. Dabei obliegt es nur der Kommune I, wer denn die *richtigen Leichen* seien. *Albertz, Duensing, den Senat mit seiner Justiz, sie alle werden wir am Mittwoch feierlich im gebührenden Rahmen begraben.*

In einem unlängst erschienenem Interview des Kommunemitglieds Langhans ist dieser Sprachjargon und diese Denkart durchaus noch lebendig. *„Wir leben auf Leichenhaufen und unsere Eltern haben das angerichtet und keiner wußte, wie man damit leben kann."*[158] Allerdings konnte er die Eltern nicht direkt angreifen, es sei wie eine *Beißhemmung.*

Vor dem Hintergrund der nationalsozialistischen Vergangenheit der älteren Generationen und dem Bewusstsein in Deutschland geboren und aufgewachsen zu sein, erforderte ihre Existenz eine ständige Rechtfertigung. Die Elterngeneration war entweder Rädchen oder Rad im nationalsozialistischen Getriebe gewesen, hatte zugeschaut bzw. nichts unternommen, um das System lahmzulegen. Auch für das Gewaltverständnis der APO ist dieser Hintergrund evident, offenbart sich doch bei den späteren Tätern eine Art „Stellvertreter-Syndrom[159], mit denen sie ihre Handlungen zu legitimieren sucht. [160] Und so konstatiert auch Wolfgang Kraushaar treffend: *In einem Staat, wie die Bundesrepublik kam man gar nicht umhin, Verantwortung für das zu akzeptieren, was die Generationen zuvor getan oder begangen habe.*[161]

Ähnlich bekennt sich auch Rainer Langhans zu den Ereignissen: *„Ja, wir hatten zum Beispiel Freunde, die waren Aktive und deren Väter waren richtig hohe SS-Leute. Die*

---

[157] Enzensberger: Kommune I, S. 91.

[158] Martin Klimke, Joachim Scharloth: „Du musst den Dingen ihre eigenen Melodie vorspielen und sie werden zu tanzen beginnen" - Ein Gespräch mit Rainer Langhans, in: Martin Klimke, Joachim Scharloth (Hrsg.): 1968 – Handbuch zur Kultur- und Mediengeschichte der Studentenbewegung, Stuttgart, Weimar 2007.

[159] Auch im Hinblick auf die RAF wird geltend gemacht, dass sie einen „Stellvertreterkrieg" geführt habe. Vgl: Wolfgang Kaushaar: Fischer, S. 247.

[160] Gerd Koenen: Das rote Jahrzehnt – Unsere kleine deutsche Kulturrevolution 1967-1977, Köln 2001, S. 95 ff.

[161] Kraushaar: Fischer, S. 250.

konnten nicht mit ihnen darüber reden. Wir lebten in einer Welt, die schwieg und nicht mit uns sprach. Das gab uns das für >1968< so typische Gefühl, dass irgendetwas nicht stimmt und dass die Welt anders sein kann- und anders sein muss. Wir hatten wirklich das Gefühl, nicht lieben zu können, nicht leben zu können, weil wir so bürgerlich und autoritär geprägt waren."[162] Der Ausweg war der Angriff auf das System. Es bezeugt Mut, vielleicht aber auch einen gewissen Narzissmus des Wohnkollektivs, die gesellschaftlichen Verhältnisse derart erschüttern zu wollen.

Es folgen einige abschließende Worte zum Rundbrief der Kommune I. Der aktive Modus des „Rundbriefs" ist effektheischend und lässt erahnen, dass das Begräbnis ein außerordentlich attraktives Schauspiel für die Spaßvögel verspricht. Die Lesart ist polysem. Für die Kommune I sind die Berliner Politiker bloße Marionetten, Statisten auf der politischen Bühne, die sie rasch verlassen sollten. Sie sind *Leichen,* sie agieren leblos. Auch sie sollten – zumindest symbolisch – zu Grabe getragen werden.

Da die Aussagen der Kommune I als eindeutig mehrdeutig zu klassifizieren sind, ist auch eine Weitere, abstruse Lesart möglich. Da die genannten Politiker alle noch leben, obliegt es dem Rezipienten, ob er diese Persiflage nicht sogar als einen Aufruf zum Mord begreifen möchte. Allerdings – oder dankenswerterweise – fühlt sich am Tag des Staatsbegräbnisses weder Kommune I noch das Publikum, die den Rundbrief nicht als geschmacklose Provokation, sondern als klandestines Verlangen der Kommunarden interpretiert haben könnte, dazu berufen, die *richtigen Leichen* zu „präsentieren". Diese Machart entspräche in der Tat auch nicht dem Selbstverständnis der Kommune I als *homo ludens.*[163]

Es sollte noch ein wenig dauern, bevor aus der Spaß- eine Stadtguerilla resultiert, aus den Worten Taten werden. Diese Lesart ist daher nicht vollkommen abwegig, denn dazu berufen fühlt sich später die terroristische RAF, deren Wurzeln in der aktionistischen Studentenbewegung liegen. Sie ernennt sich zum Gewissen der Nation und richtet tatsächlich systematisch Repräsentanten des deutschen Staats hin. Andreas Baader – späterer Kopf der Baader-Meinhof Gruppe – ist bei der Aktion in der Gedächtniskirche mit von der Partie.

Es obliegt dem geneigten Rezipienten, ob er dies als einen Versuch Angst und Schrecken verbreiten möchte. Oder ob er den Rundbrief als bloße Satire versteht, um die herrschende Ordnung anzuprangern. Der Kommune I gelingt es dennoch, Bilder zu evozieren, die im Unbewussten wirken. Die Unruhestifter haben es verstanden, mit

[162] Klimke/Scharloth: Langhans, S. 311.
[163] Hakemi: Spektakel, S. 28.

ihnen zu spielen, bewusst eine Nachricht zu transportieren. Die so erzeugten Bilder transportieren Botschaften.
Der Textkorpus endet mit einem Imperativ: *Lasst Euch was einfallen, oder lest wenigstens die Zeitungen (...)* Das Autorenkollektiv ruft ebenfalls zur aktiven Teilnahme auf und bestätigt die begründete Annahme, dass es während des Staatsbegräbnisses zu Aktionen seitens der Wohngemeinschaft kommen wird. Dass implizit noch einmal zum Zeitungslesen aufgerufen wird, lässt ebenfalls eine bildungsnahe Gesinnung der Verfasser erkennen.
Die Aktion lässt schließlich auch nicht lange auf sich warten. Die Kommune I hatte einen Pappsarg gebaut, in den sich Dieter Kunzelmann gelegt hatte. *„Als wir vor dem Rathaus Schöneberg vorfuhren, erklang über Lautsprecher gerade eine Trauerhymne. Drinnen war unter Beteiligung von Kiesinger und Brandt die Feier in Gang."*[164] Anlass genug, um ein weiteres düsteres Flugblatt zu verteilen.

[164] Enzensberger: Kommune I, S. 193.

6. … und eine Pressemitteilung zum Löbe-Begräbnis

Pressemitteilung

Ihr wollt heute Paul Löbe durch den Schornstein feiern, Euch wird ein grosses Fest beschert, ein grosses, ernstes, wo einer vom Staat begraben wird.
Wir nehmen die Feste, wie sie fallen, wir nehmen uns dies Fest mit den Ehrenmännern in Uniformen, den Leuten mit den reinen Westen, den aus Film und Fernsehen bekannten Darstellern von Chrakterrollen und wir machen mit, denn wir wollen auch etwas feiern!
Wir wollen ein paar smarte Leichen verscharren, die langsam schon zum Himmel stinken -

Da sind sie!

Albertz, Büsch, Duensing, Kuntze, Dehnicke, Hoppe. Wir müssen uns beeilen, seit dem 2. Juni stinken sie – und der Fritz sitzt und frisst und frisst sie von innen auf. Bald stehen nur noch ihre Fassaden und die fallen leicht zusammen.
Unser Sarg passt dann nicht mehr – er ist zu gross für die die fünf. Da passen dann Senat und Justiz zusammen rein.
Den verscharrt der Fritz allein.

Die Nachricht der Kommune I wird zwar mit *Pressemitteilung* überschrieben und als diese fungierte sie sicherlich, allerdings erfüllt sie kaum ein Kriterium eines journalistischen Artikels oder einer Nachricht. Eine adäquate Überschrift und der Anlauf, der bei einer Nachricht grafisch kenntlich gemacht wird, fehlen gänzlich. Bei einer neutralen Nachrichten werden die W-Fragen beantwortet: Was?, Wann?, Wer?, Wo?, ergänzt durch Wie?, oder Warum?. Allerdings versucht das Autorenkollektiv keine Antworten zu geben und den Leser zu führen, vielmehr werfen die ersten Sätze Fragen auf. An Zitaten, um so die Glaubwürdigkeit des Sachverhalts zu unterstreichen, mangelt es eben so sehr. Der Artikel ist weder objektiv, noch vermittelt er wesentlich neue Informationen.[165] Auch die Kriterien für eine Pressemitteilung, die Neuigkeiten eines Betriebes oder einer Organisation an Pressevertreter vermitteln, sind ebenfalls nicht erfüllt. Auch eine Pressemitteilung hat den Anspruch präzise Informationen zu vermitteln, obwohl nur die Sicht des Herausgebers im Vordergrund steht. Die Intention einer Pressemitteilung ist, Unternehmen oder Organisation adäquat in der Öffentlichkeit zu repräsentieren.

Wenn man das Flugblatt dennoch einer journalistischen Gattung zuordnen möchte, so erfüllt es die Kriterien eines Pamphlets weitestgehend. Ein Pamphlet ist ein Meinungsartikel, der auf rationale Argumente völlig verzichtet. Es geht mehr um Emotionen und Stimmungen, die beim Leser entflammt werden sollen. Polemik ist ein beliebtes Mittel

[165] Dagmar Lorenz: Journalismus, Stuttgart 2002, S. 82, S. 133 ff.

im Pamphlet, mit Schlagwörtern werden Meinungen transportiert.[166]

Trotz aller formalen Schwächen einer Pressemitteilung sollte dieses „Pamphlet" auch die Pressevertreter erreichen. Vermutlich ist es, dem Charakter des Schreibens nach zu urteilen, eine Parodie auf eine durchaus übliche Meldung. Die Arbeit der Journalisten wird auch so der Lächerlichkeit preisgegeben. Die Dringlichkeit wird durch die Unterstreichung ebenfalls visuell hervorgehoben. Ort der Verteilung war das Rathaus Schöneberg, wo die zentrale Trauerfeierlichkeit für Löbe stattfand. Von den Toten aufgestanden, erhebt sich Dieter Kunzelmann effektvoll aus seinem Sarg und wirft Flugblätter in die Menge.[167]

Der sozialdemokratische Telegraph bemerkt zur Trauerfeier: *Trauermusik drang über die Lautsprecher hinaus über den Platz, als ein Lieferwagen vorfuhr, dem eine Gruppe grell geschminkter junger Leute entsprang. Sie trugen einen Sarg mit der Aufschrift „Berliner Justiz", der eine weißbehemdete, weiß geschminkte bärtige Gestalt entstieg. Dieter Kunzelmann, so der Name eines der Kommunarden, brachte aus seinem Gehäuse Flugblätter mit der fordernden Inschrift „Freiheit für Teufel" ans Licht.[168] Sie wurden von seinen Anhängern auch nach der Trauerfeier zeremoniell in die Höhe gehalten."*[169]

Die erhoffte Resonanz blieb nicht lange aus. Die „Pressemitteilung" der Kommunarden richtet sich an die Gesellschaft. Mit ihrer „leidenschaftlichen" Inszenierung wollen sie auch das Augenmerk der Medien auf sich ziehen. Dies dürfte ihnen auch nicht weiter schwergefallen sein, da Politiker, Prominente und Repräsentanten des gesellschaftlichen Lebens Löbe das letzte Geleit erteilten. Und nicht nur die Medien schenkte ihnen regelmäßig Aufmerksamkeit, sondern auch die Polizei. Die Krawallmacher wurden teilweise verhaftet. Die Aktion brachte ihnen ein Verfahren wegen „Störung der Totenruhe" ein.[170] Auch hier eine Unklarheit, denn der Journalist des Telegraphen hat offensichtlich eine andere Information: *Sie verhafteten insgesamt 24 Demonstranten, darunter auch vier junge Damen. Als Grund der Festnahme gab die Polizei einen Verstoß gegen das Bannmeilengesetz an.*[171]

Optisch ist die Mitteilung in mehrere Absätze gegliedert, was die Lesbarkeit vereinfacht. Die Einrückung in der Mitte des Textes wurde besonders in Szene gesetzt und

---

166 Lorenz: Journalismus, S. 146.

167 Enzensberger: Kommune I, S. 193.

168 Zeitgenössische Artikel legen nahe, dass auch das der bereits im Oberbaum Blatt Nr. 2, am Samstag, 17. Juni 1967 erschienene offene Brief des Kommunarden Fritz Teufels ebenfalls verteilt worden ist. Vgl.: http://www.medienarchiv1968.de/dl/203192/1068.jpg.pdf, 17.09.2010, 12:06.

169 http://www.medienarchiv1968.de/dl/203194/1069.jpg.pdf, aufgerufen: 17.09.2010, 11:09

170 Enzensberger: Kommune 1, S. 193.

171 http://www.medienarchiv1968.de/dl/203194/1069.jpg.pdf, aufgerufen: 17.09.2010: 11:50

zieht sofort die Aufmerksamkeit des Lesers auf sich. Orthografisch ist der Korpus unauffällig, den Regeln der Rechtschreibung wurde folge geleistet. Festzuhalten ist, dass das Autorenkollektiv bei diesem Flugblatt die Optik besonders inszenierte, um so auf den Inhalt zu verweisen, der ebenfalls brisant ist. Nachweislich haben wirklich mehrere Autoren den Flyer verfasst.[172]

Das Autorenkollektiv integriert den Leser nicht in den Text, sondern steigt postwendend in den Sachverhalt ein. Mit dem Anredepronomen *ihr* distanziert sich die Schreiberschaft der Kommune I formal-sprachlich von dem Begräbnis. Verfolgt wird hierbei eine In-Group bzw. Out-Group Strategie. Die Anhänger des Wohnkollektivs entfernen sich bewusst von den staatlichen Vertretern, die an der Trauerfeier teilnehmen.

Paul Löbe sollte allerdings *durch den Schornstein* gefeiert werden. Das Wort *Feierlichkeit* wurde entlehnt und in einen neuen Kontext gestellt. Dennoch bemerkt Enzensberger an dieser Stelle nicht unkritisch, dass vermutlich Peter *Urbach der Urheber des Schandflecks, der die Aktion verunstaltet, des scheußlichen Wortes, demzufolge Löbe durch den Schornstein „gefeiert werden" sollte.*[173] Aufgrund der implizierten Bildebene ist rasch eine Kombination zu Auschwitz und anderen deutschen Konzentrationslagern vorhanden. Schließlich sind die rauschenden Schornsteine der Krematorien ein gängiges Symbol für den millionenfachen Mord an Juden, politisch Verfolgten und anderen Minderheiten.

Auch dem Sozialdemokraten Löbe hätte dieses Schicksal ereilen können. Wäre er nicht 1933 – im Jahr der Machtergreifung Hitlers – inhaftiert worden, sondern nur wenige Jahre später, so hätte er vermutlich das KZ nicht überlebt. Die Anspielung soll offenbaren, dass die Täter immer noch innerhalb der Gesellschaft zu finden sind. Dieser Interpretation folgend, wird Löbe heute von den gleichen „Tätern" durch den Schornstein *gefeiert.*

Offensichtlich war diese Lesart auch impliziert worden. Die Anspielung auf den Schornstein ist eine Anspielung auf die Konzentrationslager. Der heutige Schriftsteller und Ex-Kommunarde kommt zu einer ähnlichen Einschätzung. Er betrachtet die Aktion aus zeitlicher Entfernung reflektiert, kritisch und pointiert: *„Sicher, der schwächliche Legalismus, mit dem der Sozialdemokrat einst die macht an die Nationalsozialisten übergeben hat, verdiente Verachtung, doch die brutale Selbstherrlichkeit, mit der wir Löbes*

---

[172] Vgl.: Enzensberger: Kommune 1, S.194: *Der Satz war bei uns umstritten.* Es ist davon auszugehen, dass das Flugblatt gemeinsam entworfen wurde und es einen Diskussionsprozess zu einzelnen Formulierungen gegeben hat.

[173] Enzensberger: Kommune 1, S. 194.

Konzentrationslagerhaft abtaten, verhieß nichts Gutes."

Im nächsten Abschnitt wird die Distanz durch die Anredeformel *Euch* immer noch aufrechterhalten. Es wird der Eindruck impliziert, dass dieses Begräbnis, dieses *Fest* ein Geschenk bzw. ein willkommener Anlass für die staatlichen Repräsentanten sei. Dies wird durch das altertümliche flektierte Verb *beschert* evoziert. Dabei erweist sich die Hypotaxe, *wo einer vom Staat begraben wird,* als Farce. Der Sachverhalt wird mit einer miserablen Umgangssprache ausgedrückt, was eine fehlende kritische Distanz der Schreiber offenbart. Der Tote wird somit der Lächerlichkeit preisgegeben. Dies ist geschmacklos.

Der nächste Abschnitt beginnt mit dem Personalpronomen *wir.* Die Parataxen kulminieren nach vier Zeilen, die Kimax ist mit *wir wollen auch etwas feiern!* erreicht. Die Out-Group Strategie wird aufgegeben, das Autorenkollektiv verfolgt nun eine In-Group Strategie: *Wir nehmen uns dies Fest mit den Ehrenmännern in Uniformen (...), wir machen mit.* Besonders das Demonstrativpronomen *dies* verweist auf dieses Fest, auf diese Trauerfeier, an dem die Kommune I teilnehmen will. Diese Sequenz wird durch die zahlreichen Anaphern betont. Der Leser ist irritiert, der Wechsel der inhaltlichen Ausrichtung erfolgt überraschend.

Die *„Ehrenmänner in Uniformen"* verweisen ebenfalls auf den Nationalsozialismus. Das Tragen von Uniformen, versehen mit dem entsprechenden Dienst- und Rangabzeichen, hatte einen besonderen Stellenwert in der nationalsozialistischen Gesellschaft. So konnte der Träger einer Uniform seinen Status offenbaren. Die Uniformierung machte auch vor den Kleinen nicht Halt: Selbst in der Hitlerjugend hatten alle einen einheitlichen Dress. Die Sentenz ist eine Persiflage und als Ironie zu begreifen. Die Autoren der Kommune I wollen aufzeigen, dass den Tätern keine Ehre gebühre.

Diametral gegenüber stellt das Autorenkollektiv die Leute *mit den reinen Westen.* Auch hier wurde ein Sprichwort entlehnt. Üblich ist die Redewendung „weiße Weste". Die Intention ist die gleiche: Es soll kenntlich gemacht werden, dass die Täter noch innerhalb der Gesellschaft zu finden sind und sich niemand wirklich von der Kollektivschuld befreien kann. Diese Redensart wird oftmals im Kontext von Verdachtsmomenten verwendet. Wenn dieser Verdacht sich gewiss nicht bestätigen lässt, so heißt es, die betreffende Person habe eine „weiße Weste" und sich dementsprechend nichts vorzuwerfen. Die Kommune I spricht einen Generalverdacht aus und konstatiert, dass jedes Mitglied der Gesellschaft schuldig sei.

Auffällig ist, dass im Flugblatt sehr häufig das Verb *wollen* verwendet wird. Es offenbart

den Narzissmus des Schreiberkollektivs. Wichtig sind die eigenen Wünsche und Ziele. Dies verweist auf fast schon infantile Verhaltensschemata. Wie bereits dargelegt, hat die Kommune I ihr ganz eigenes Verständnis zu der Teilnahme an der Trauerfeier. Die Unruhestifter möchten insofern partizipieren, als dass sie den Festakt empfindlich stören. Eine andere Lesart ist nicht denkbar, denn sonst würde die Kommune I ihre eigenen Ziele konterkarieren.Die Partizipation kann nur mit einer vehementen Anti-Haltung erfolgen. Die Feier fungiert als Plattform für eine politische Protestkundgebung. Die inhaltliche Ausrichtung des Flugblatts legt nahe, dass die Autoren sich nicht mit der Täter Generation und den ihrerseits verhassten Repräsentanten der Gesellschaft solidarisieren würden. Schweigen würde in den Augen der Kommune I Zustimmung gleichkommen. Abgesehen davon *„nehmen"* sie sich dieses Fest. Der Wechsel zur In-Group erfolgt, weil sie sich im Zweifelsfall auch gewaltsam Gehör verschaffen. Die Randalierer, die sich *die Feste nehmen, wie sie fallen,* sind froh über einen willkommenen Aufhänger, ganz egal, wer zu Grabe getragen. Auf der sprachlichen Ebene haben sie das Sprichwort „Feste feiern, wie sie fallen" umgewandelt. Durch die Änderung tritt das gewaltsame Moment stärker in den Vordergrund. Die Unruhestifter würden sich auch an der Stelle Recht verschaffen, an der es ihnen die rechtsstaatliche Ordnung verwehrt.
Der Ursprung jeden Rechts ist mit der Frage der Gewalt eng verknüpft.
Wir wollen ein paar smarte Leichen verscharren, die langsam schon zum Himmel stinken. Mit diesem Satz nimmt die Kommune I ein Bezug auf ihren Rundbrief, in dem sie beim *Staatsbegräbnis* die richtigen *Leichen unterjubeln* will. Allerdings liest sich dieses Vorhaben wie eine Drohung, eine Ankündigung, dass aus Spaß rasch Ernst werden kann. Das Autorenkollektiv versteht es mit der Angst zu spielen, den Leser zu verschrecken.
Somit ist es ein – wenn auch überaus makaberes – Sinnbild, mit dem die führenden Politiker bezeichnet werden. Das Adjektiv *smart* kontrastiert mit dem Verb *stinken.* Auch der kontextuelle Bezug ist nicht angemessen. Kein Sprecher würde dieses Adjektiv verwenden, um eine Leiche näher zu beschreiben. Morphologisch betrachtet ist diese Phrase jedenfalls korrekt.
Mit dem Umgangssprachlichen *verscharren,* hat die Kommune I zu dem noch ein lautmalerisches Element in der Sentenz, was wiederum die Fantasie des Rezipienten beflügelt. Intention ist es, phonetisch auch eine Wirkung zu erzielen. Aufgrund des umgangssprachlichen Impetus wird die Ehre der zu Begrabenen erheblich dezimiert. „Es stinkt zum Himmel" ist ebenfalls eine gängige Redensart, derer sich das Autoren-

kollektiv hier bedient um dann anschließend zum finalen Schlag anzusetzen: *Da sind sie!*

Der Leser kann förmlich spüren, wie ein langer Arm mit ausgestrecktem Finger auf die Täter verweist, die es anschließend zu ergreifen gilt. Der Täter-Duktus wird weiter erhalten. Es geht darum, die vermeintlichen „Verbrecher" *Albertz, Büsch, Duensing, Kuntze, Dehnicke* und *Hoppe* zu ergreifen. Mit *Kuntze, Dehnicke* und *Hoppe* präsentierte die Kommune I drei Angeklagte mehr, als noch in der Publikation davor. Das Autorenkollektiv stellt sich auf die Seite des vermeintlichen Rechts und beschwört den Opfergestus, in dem sie auf den 2. Juni verweist. Außerdem eröffnet sie eine symbolische Hetzjagd auf die vermeintlichen Denunzianten.

Auch der weitere inhaltliche Verlauf kann nur als beleidigend, ekelerregend und makaber empfunden werden. Die Politiker *stinken* seit *dem 2. Juni.* Die Kommunarden werfen ihnen politisches Versagen vor. Indem sie Bezug auf den inhaftierten Fritz Teufel, der *sitzt und frisst sie von innen auf* nehmen, stilisieren sie sich selbst zu Galionsfiguren der APO, die die Fähigkeiten dazu haben, das politische Geschehen von innen auszuhöhlen. Allerdings ist es auch eine Parodie auf die biedere Realität: Tatsächlich sitzt Fritz Teufel im Gefängnis und beteiligte sich auch am Solidaritätshungerstreik der Kommunarden.[174] Dieser wurde am 21. Juni 1967 federführend von Rudi Dutschke ausgerufen. Rund 200 Studierende partizipieren am Hungerstreik. Fritz Teufel erfährt während seiner Inhaftierung eine ungeheuere Solidarität, die zahlreiche Studenten weit über die Grenzen Berlins mobilisiert. Die Verweigerung der Nahrungsaufnahme wird mit einer politischen Kampagne integriert. Die Studierenden fordern die Freilassung von Fritz Teufel, die Abschaffung der Politischen Polizei und die Enteignung des Springer-Konzerns. Außerdem fordern sie den Rücktritt des Berliner Bürgermeisters Heinrich Albertz und des Innensenators Wolfgang Büsch. Diese Fürspracheunternehmung des SDS unterstützen die Kommunarden mit ihrem infantilen Habitus, in dem die Spaß-Kombo ein Flugblatt verfasst.[175]

Bald stehen nur noch ihre Fassaden und die fallen leicht zusammen. In dem Gebaren spiegelt sich die feste Überzeugung wieder, dass sie die Berliner Politiker stürzen können, weil die Übermacht und der Duck seitens der Studierenden zu groß werde. Es ist ihr erklärtes Ziel, mit der staatlichen Ordnung zu brechen. Trotz aller jugendlicher Überheblichkeit muss den Aktivisten dennoch eingeräumt werden, dass sie vermutlich einen nicht unerheblichen Anteil am späteren Rücktritt des regierenden Bürgermeisters

---

174 Enzensberger: Kommune, S. 177.
175 Carini: Teufel, S. 70.

von Berlin, Klaus Albertz, hatten.

Im letzten Abschnitt wird noch einmal das empfundene Unrecht gegenüber dem Kommunemitglied Fritz Teufel zum Ausdruck gebracht. Es sei dann seine Aufgabe, Senat und Justiz inklusive der fünf Staatsvertreter zu *verscharren.* Außerdem ist im letzten Absatz die verwendete Vulgärsprache besonders augenscheinlich: *Fritz sitzt und frisst und frisst.* Dieser kurze Satz enthält gleich zwei Stilfiguren. Zunächst reimen sich *sitzt* und *frisst.* Außerdem, wenn das *sitzt* gestrichen wird und nur noch das *frisst* stehen bleibt, ergibt sich *Fritz* frisst (Anapher). Das Spiel mit der Sprache, die Reimschemata und veränderten Redewendungen, verleihen den Flugblättern einen kindlichen Zug. Die Sprache lenkt von dem eigentlichen Inhalt ab, der Ernst wird in Lustiges verpackt. Zudem wird das Größenverhältnis umgekehrt. Die Kommunarden sollen mächtig und wirkungsvoll erscheinen, die staatlichen Vertreter klein und verstört. Ziel ist es, die Macht der Stadt – symbolisch – zu brechen, um abschließend eine neue Ordnung zu etablieren.

Im Gegensatz zum „Rundbrief", der viele Ausdrücke aus dem Wortfeld „Tod" enthält, überwiegen in der „Pressemitteilung" die Ausdrücke aus dem Wortfeld der Feier: *feiern, Fest* und der Plural *Feste.* Jeweils zwei Mal werden die Worte *verscharren, fressen* und *stinken* verwandt, was mit dem Wortfeld des Festes kontrastiert. Inhaltlich weist der zweite Flyer einen größeren Aktualitätsbezug auf und nimmt mehr Bezug auf die Trauerfeierlichkeiten, weniger auf den Tod Löbes.

Die Polit-Stars vermochten es, die zentrale Trauerfeier in ein Spektakel ganz nach ihrem Geschmack zu verwandeln. Als „Happening" wurde es auch von der zeitgenössischen Presse eingeordnet: *„Happening hin oder her- der Polizei ging der rechte Sinn für derlei Späße ab."*[176]

---

176 http://www.medienarchiv1968.de/dl/203194/1069.jpg.pdf, letzter Aufruf: 17.09.2010, 11:15.

7. Unser Willy - Diskreditierung eines Politikers

UNSER WILLY

ist wieder einmal in unserem Berlin. Er ist dicker geworden. Hier wurde er groß – zu dem was er heute ist, einer der
mächtigsten Männer unseres Staates.
Als er noch in Berlin war, da sah´s hier anders aus:
Da waren alle nett zueinander und die Kohlen waren billiger.
Das Wetter war schöner.
Es gab keine Kommunen und ihm wäre das mit Ohnesorg bestimmt nicht passiert.
Auch der Fritz wäre natürlich schon lange wieder frei -
das gäb´s nicht bei Willy!
Vielleicht weiß er gar nichts davon!
Vielleicht müsste man ihm das mal beibringen!
Der Führer soll ja auch nicht alles gewußt haben.
Er ist ein honoriger Mann. Das sieht man schon daran, wie er
seine Söhne erzogen hat. Die berechtigen doch zu den schönsten
Hoffnungen.
Da merkt man, daß einen die Parteimaschinerie nicht unbedingt verschleißen muß, daß man auch da Mensch sein kann. Daß
man vielleicht doch etwas in der Partei machen kann.
Wie der Willy über die Kindereien der Berliner Genossen hinweggeht,
das macht ihm so leicht keiner nach! Und gleich den richtigen Mann,
den Schütz, gefunden!
Da wird einem die Autorität doch einmal einleuchtend, nicht so
penetrant wie bei anderen Leuten, denen auch ein Willy leider
gelegentlich seinen Tribut zahlen muß. Aber das
ist immer so im Leben, da kann er nichts dafür.
Überhaupt, er hat so was Faustisches: grübelnd zerfurcht,
nach Worten ringend um sie dann mit seiner unnachahmlichen
ewig heiseren Stimme hervorpresend.
Er hat eben zwei Seelen, wie das jeder rechte Vater hat.
Er soll ja auch nicht mehr so viel trinken!
Lübke ist halt so blöd, wie er amtlich schaut – Willy
bestimmt nicht!
Ein Hauch jener Atmossphäre des „Seid nett zueinander" ist
auch heute anwesend:
Axel Springer traut sich in die Höhle seines Löwen, in die FU.
Er gehört auch zu unseren Gästen, - und viele andere bekannte
Leute.
Seid nur so nett zu unseren Gästen, wie sie es verdienen!
Die Parole gilt:

HAUT DEM SPRINGER AUF
DIE FINGER!
SEID NETT ZU WILLY!
TEUFEL RAUS – SPRINGER REIN!

In der Freien Universität zu Berlin hält Willy Brandt eine Rede zum Gedenken an den jüdischen Außenminister der Weimarer Republik Walther Rathenau, der später von faschistischen Fememördern erschossen werden sollte. Anlass seiner Rede ist der 100. Geburtstag des Politikers. Auch der Kopf des Springer-Imperiums - Axel Springer - ist anwesend, sehr zum Missfallen der Studierenden.[177]

Willy Brandt ist zusammen mit Klaus Schütz angereist, um ihn als Nachfolger des amtierenden Berliner Bürgermeisters, dem sozialdemokratischen Theologen Heinrich

[177] Enzensberger: Kommune I,, S. 215.

Albertz, zu empfehlen. Nach dem Willen Willy Brandts soll sein Sozius künftig ein geschicktes Händchen und politisches Feingefühl in Berlin beweisen.

Rudi Dutschke verteilt derweil Flugblätter, aufgrund derer er sich eine Stellungnahme von Willy Brandt zur griechischen Militärdiktatur und zum Krieg in Vietnam erbittet. Auf den Flugblättern des SDS werden üblicherweise ökonomische oder politische Sachverhalte vermeldet – ganz im Gegensatz zu denen der Kommune I. Sie bedient sich vielmehr der Satire, die Kommunarden greifen an, dramatisieren, versuchen den Rezipienten zu manipulieren.[178]

Die Veranstaltung in der FU wird empfindlich gestört, als Demonstranten Krawall machen und mit roter Farbe der Forderung „Enteignet Springer“ Nachdruck verleihen. Die Demonstranten geben lautstark kund, dass sie „gegen den Faschisten Axel Springer im Auditorium Maximum“ protestieren. Willy Brandt wird wütend, reagiert mit absoluter Konsequenz: „Wer stört, wird aus der Universität heraus geschmissen.“[179]

Dies ist der Moment, in dem Dieter Kunzelmann die – im wahrsten Sinne des Wortes – Flugblätter „UNSER WILLY“ fliegen lässt. Intention ist es, die anderen Studierenden auf die Aktionen der Kommune I, auf den studentischen Protest, dem Benno Ohnesorg zu diesem Zeitpunkt bereits zum Opfer gefallen ist, aufmerksam zu machen. Die Biografie Willy Brandts, West-Berlin und die Aktionen der Kommune I bilden den Referenzrahmen für das Flugblatt. Der SPD Politiker soll als Vertreter der hergebrachten staatlichen Ordnung diskreditiert werden. Zielgruppe ist ein akademisch gebildetes, aufgrund des Veranstaltungstypus interessiertes und politisch bewandertes Publikum.

Von einem klassischen politischen Flugblatt unterscheidet sich „UNSER WILLY“ allein schon aufgrund der Schlagzeile und dem damit verbundenen ersten Leseimpuls. Die Kommune I entscheidet sich für eine Strategie, die zunächst die Neugier der Studierenden weckt und zum weiter lesen animiert. Die Leserschaft will ergründen, was es mit „unserem Willy“ auf sich hat. Außerdem wird mit dem Possessivpronomen „unser“ suggeriert, dass es sich um einen „Gleichen unter Gleichen“ handelt. Im weiteren Verlauf der Lektüre entzieht sich der Flyer zwar einer eindeutigen Lesart, da es sich dem sprachlichen Mittel der Ironie bedient. Ironie und Satire bilden die Wirklichkeit mit einer übertriebenen Darstellung ab. Der Leser wird dazu gezwungen, zwischen den Zeilen zu lesen. Da es sich zugegeben an ein akademisch gebildetes und politisch interessiertes Publikum richtet, dürfte das Flugblatt seine Intention nicht verfehlen.

---

[178] Eine detaillierter Auseinandersetzung bezüglich der Differenzen zwischen den SDS- Flugblättern und der Kommune I, in Sara Hakemi: Spektakel, S. 30.

[179] Zitiert nach: Enzensberger: Kommune I, S. 215.

„UNSER WILLY“ - die groß geschriebene Überschrift soll die Aufmerksamkeit des Lesers sichern. Das Thema ist benannt worden, dem Leser ist klar, dass der Flyer von „Willy“ handelt. Der Rezipient erwartet angesichts des Possessivpronomens „unser“ eine feierliche Ansprache, eine Lob- oder Dankesrede, in der jemand aus den eigenen Reihen gehuldigt werden soll. Eine Distanz zwischen dem Verfasser bzw. dem Autorenkollektiv und dem Individuum, von dem das Flugblatt handelt, ist non existent. Beide Elemente, Protagonist „Willy“ und das Autorenkollektiv begegnen sich auf der gleichen Ebene.

Angesichts der Tatsache, dass der Flyer Details über einen Repräsentanten des Staats vermittelt, ist die Ansprache und die Gleichsetzung der Verfasser und des Staatsrepräsentanten in Kombination mit der einfachen Nennung des Vornamens bereits eine unglaubliche Provokation. Das Possessivpronomen „unser“ ist als Bloßstellung und Ironie zu verstehen. Mit einem Zeilensprung geht die Intitulation nahtlos in den Textkorpus über. Der Leser wird gleichsam in den Text hinein gezogen. Dies ist sehr geschickt formuliert, denn die Autoren haben somit postwendend die Aufmerksamkeit der Leserschaft.

Es folgt eine detaillierte Bestandsaufnahme der Gegenwart, die gleichzeitig auch den Anlass für das Flugblatt mitgeliefert hat, er *„ist wieder einmal in unserem Berlin.“* Das *„wieder einmal“* suggeriert eine ironische Langeweile. Es ist nichts Besonderes, dass der ehemalige regierende Bürgermeister Berlins, die Hauptstadt besucht. In diesem Kontext fungiert das besitzanzeigende Pronomen *„unser“* bereits als Abgrenzung gegenüber dem Polit-Besuch. Dieser ist in diesem Sinne und zu diesem Zeitpunkt tatsächlich nur Gast in der Stadt an der Spree, da er bereits in Bonn residiert. Ein inhaltlicher Bruch erfolgt erst im letzten Absatz des Flugblatts, da einige Zeilen auch dem Zeitungsimperator Axel Springer gewidmet werden und somit dieser – und nicht mehr der Vizekanzler – thematisiert wird.

Das *„unser“*, die erste Person Plural des Pronomens, vermittelt gleichzeitig ein „Wir-Gefühl“, welches einen bestimmten Kreis einschließt, eine andere Zielgruppe natürlich ausschließt. Es wird somit eine Form der Abgrenzung vollzogen. Somit impliziert das Possessivpronomen ein Identität stiftendes Moment, das sowohl eine Inklusion, als auch eine Exklusion beinhaltet.

Bereits mit der unhöflichen, im Kontext eines politischen Flugblatts auch unsachlichen Feststellung *„Er ist dicker geworden“* wird die inhaltliche Marschrichtung des Flyers klar. Willy Brandt soll persönlich getroffen und beleidigt werden. In weiteren Versen werden ihm die Attribute *„grübelnd zerfurcht"*, *„nach Worten ringend"* und eine *„unnachahmliche heisere Stimme"* zugeschrieben. Einerseits wird seine Optik brüskiert, anderseits wird ihm eine mangelhafte Rhetorik unterstellt. Eine angemessene Rhetorik gehört zum Handwerkszeug eines jeden Politikers dazu, die ihm hier abgesprochen wird.

„Es gab keine Kommunen und ihm wäre das mit Ohnesorg bestimmt nicht passiert". Die Zeilen bezeugen zunächst die Arroganz der Kommune I. Die Abweichler attestieren ihren eigenen Polit-Gebaren eine so hohe Wirkungsmacht, dass sie ein innenpolitisches Problem darstellen, mit der die Stadt Berlin zu kämpfen hat. Tatsächlich war der Tod des unschuldigen Studenten Benno Ohnesorg ein enormer Beschleuniger, der die Bewegung zusehends radikalisierte: *„Aber so 'ne Sache war für mich einfach glatter Mord"*, stellte Bommi Baumann dazu fest.[180]

Die Annahme, dass die Querulanten ein innenpolitisches Problem darstellten, ist keineswegs zu hoch gegriffen. An der Stelle, an der der zivile Widerstand versagt hatte, militarisierte sich die Bewegung zusehends. Bereits 1967 war eine Debatte über Sinn und Ziel von Militanz bereits voll im Gange. Auch Politiker konnten die ausufernde Bewegung nicht mehr eindämmen. Dadurch, dass die APO in politischer Hinsicht bereits gescheitert war - um ein Beispiel zu nennen: die Kampagne gegen die Notstandsgesetze -, wurde die Gewalt nun auf die Straße transportiert. Der Staat erschien der Bewegung umso *autoritärer und faschistoider.*[181]

Diese fungierte als ein Mittel, damit das Kollektiv eine neue Form des Zusammenhalts erfahren sollte, nachdem die zentralen politischen Projekte endgültig gescheitert waren. Die Bewegung brauchte einen neuen Agitationsraum, der ihr den nötigen Rückhalt verschaffte und für frischen Input sorgte.[182]

Diese Tendenzen sind auch in Analogie im Flugblatt erkennbar: die Freilassung von Fritz Teufel, die Ermordung Benno Ohnesorgs und die Wut auf den Presseimperator Axel Springer. Die Wut auf den Staat lässt auch sie zur Gefahr für die staatliche Ordnung und bürgerliche Wertekultur mutieren: *„Wie der Willy über die Kindereien der Berliner Genossen hinweggeht, das macht ihm so leicht keiner nach!"* Mit einer ironischen Umkehr im Flugblatt verweisen sie auf die Ohnmacht der Politik, die sich durchaus von den Umtrieben der Revoltierenden gestört fühlt. Dabei reduzieren sie sprachlich ihren eigene Durchschlagskraft auf ein Minimum, indem sie ihre politischen Taten zu „

---

[180] Baumann: Anfing, S. 45.
[181] Kraushaar: Fischer, 2001, S. 225.
[182] Kraushaar: Fischer, S. 226.

Kindereien" stilisieren.

Für wie wichtig sich die Polit-Wohngemeinschaft tatsächlich hält, belegt auch das Bildnis der *„Höhle des Löwen"*, in die sich Axel *Springer* traut. Die FU ist der Wirkungskreis der Studierendenschaft. Es ist schon fast mutig, dass er die „heiligen Hallen" betritt. Für die Revoltierenden ist dies eine Art Grenzüberschreitung, eine Regelverletzung, die der Journalist begeht. Die Kommunarden maßen sich an, über ihn zu urteilen und suggerieren, dass es – wenn auch nicht gefährlich - dann doch zumindest unangenehm für den Kopf des Springer-Imperiums werden wird. Durch die Wirkung wird Axel Springer regelrecht terrorisiert. *Nicht die politische oder religiöse Weltanschauung ist es, die Menschen geneigt macht, sich Terrorgruppen anzuschließen, und an sie bindet, sondern die Möglichkeit, ein undifferenziertes, vor ambivalenten Emotionen geschütztes Weltbild auszubilden, und in dieser Welt (wenigstens dem Anspruch nach) zu herrschen.* [183]

Dies gilt auch für die Kommunarden insofern, als dass sie ideologisch verblendet sind und ihren ganzen Zorn auf Axel Springer richten. Der Kopf des Springer-Imperiums avanciert zum Hassprotagonisten der Kommune I, da sie in ihm den Prototypen der öffentlichen Manipulation erblicken. Die Öffentlichkeit würde von Presseorganen manipuliert werden, was ein kritisches Bewusstsein der breiten Masse verhindern würde. Ihren Forderungen versucht die Außerparlamentarische Opposition mit der „Enteignet Springer Kampagne" schließlich Nachdruck zu verleihen.[184] Dem liegt das Weltbild eines unmündigen Volks zugrunde, das die *Herrschaft soweit verinnerlicht hat, daß sie gar nicht in der Lage sind, Widerstand zu leisten.*[185] Es soll eine Bewusstmachung angestoßen werden, die es dem Citoyen erlaubt, selbst oppositionell zu denken. Die Gewaltaktionen dienen, wenn man denn so will, der Bewusstseinserweiterung. Auch deshalb war es erklärtes Ziel der APO, das Pressemonopol Axel Springers zu brechen. Der Axel Springer Konzern besitzt den größten Marktanteil bei den Tages- und Wochenzeitungen. Die studentische Linke wirft ihm vor, *„dass er seine Pressemacht dazu benutze, Minderheiten zu diskriminieren, politische Kampagnen zu initiieren und das Bewusstsein der Leser gezielt zu manipulieren."*[186]

Dabei ist diese Kampagne nicht frei von einer gewissen Doppelmoral, die die Abweich-

---

183 Kraushaar, Wieland, Reemtsma, in: Dutschke, S.9.

184 Kraushaar: Bilanz, S. 158.

185 Kraushaar: Fischer, S. 229.

186 Wolfgang Kraushaar: Kleinkrieg gegen einen Großverleger – Von der Anti-Springer Kampagne der APO zu den Brand- und Bombenanschlägen der RAF, in Wolfgang Kraushaar: Die RAF und der linke Terrorismus, Hamburg 2006, S. 1075- S. 117, S. 1081.

ler als Element der Außerparlamentarischen Opposition partiell unterlaufen hat. Wie bereits dargelegt, erfreuen sich die Mitglieder der Wohngemeinschaft auch an Artikeln des Hauses Springer – zumal sie der eigentliche Gegenstand der Berichte sind. Die eigene Selbsterhöhung und damit verbundene Arroganz korrelieren mit dem Kompetenzverlust, die dem Außenminister und Vizekanzler attestiert wird. Seine Fähigkeiten werden ihm ebenfalls im Hinblick auf die aktuelle politische Lage der Hauptstadt abgesprochen. *„(...) und ihm wäre das mit Ohnesorg bestimmt nicht passiert."* Ob der ironischen Überhöhung der Aussage wird vermittelt, dass er genauso wenig zur Deeskalation der Studierendenunruhen hätte beigetragen, wie sein sozialdemokratischer Amtsnachfolger, der regierende Bürgermeister von Berlin Heinrich Albertz.

Bundespräsident Heinrich Lübke hatte den Schah von Persien eingeladen, die Sicherheitsvorkehrungen waren mit 30000 Polizisten „exorbitant".[187] Dies hatte auch innenpolitische Konsequenzen für die Enklave Berlin. Als Ergebnis müssen der regierende Bürgermeister von Berlin (Albertz), der Berliner Innensenator (Büsch) und der Polizeipräsident (Duensing) zurücktreten.[188]

In seiner Rede räumt Willy Brandt zu dem Unglück ein, „es könne niemandem gleichgültig sein, ob ein Staatsoberhaupt in Washington und Moskau anständig empfangen werde und in Berlin nicht; das Recht auf freie Meinungsäußerung sei kein Recht auf Beleidigung; in zivilisierten Ländern würden Meinungsverschiedenheiten nicht mit der Faust oder dem Knüppel ausgetragen."[189] Somit positioniert sich der Sozialdemokrat eindeutig gegen die Protestformen der Kommune I.

Auch der christdemokratische Bundespräsident Heinrich Lübke *„Lübke ist halt so blöd, wie er amtlich schaut – Willy bestimmt nicht"* wird im Flugblatt der Kommune I angegriffen. Obgleich Heinrich Lübke offen attackiert wird, geschieht das bei Willy Brandt mit dem rhetorischen Mittel der Ironie. Die Intention ist jedenfalls die Gleiche. Dass sich Willy Brandt und die Kommunarden nicht mit Wohlwollen gegenüberstehen, ist spätestens seit dem Unvereinbarkeitsbeschluss des SDS mit der SPD augenscheinlich. Der SDS war dem „Rechtsruck" der SPD mit der Verabschiedung des Godesberger Programms nicht gefolgt. Es kam schließlich zur Trennung der Hochschulgruppe und der Partei.[190] Somit ist es nicht weiter verwunderlich, dass „das Fleisch vom Fleisch" für Stimmung gegen den Sozialdemokraten sorgt.

---

187 Ebd. S. 151

188 Ebd. S. 153

189 Zitiert nach: Enzensberger: Kommune I, S. 216.

190 Martin Oberpriller: Jungsozialisten, Parteijugend zwischen Anpassung und Opposition, Bonn 2004, S. 119.

Die Kommunarden wollen den Leser provozieren, ihn gleichsam zum Nachdenken auffordern. Die vermeintlichen Tatsachen sind unstimmig, sie regen vielmehr die Fantasie an und erzeugen Bilder. Besonders deutlich wird das an dem Ausspruch *„Das Wetter war schöner.“* Diese Parole wird mit der Politik Willy Brandts in einen Kontext gesetzt, der so nicht funktionieren kann. Denn auch der fähigste Politiker hat keinen Einfluss auf die Meteorologie. Mit satirischen Mitteln wird die Politik des Außenministers diskreditiert und belächelt.

Außerdem unterstellen sie ihm Unwissenheit: *„Vielleicht weiß er gar nicht davon!“* Auch hier nehmen sie mit dem Mittel der Ironie Bezug auf die Polit- Gebaren der Außerparlamentarischen Opposition und die Ereignisse um Fritz Teufel. Der zweite Satz wird im Hinblick auf den voran gegangenen noch gesteigert. *Vielleicht müsste man ihm das mal beibringen!* Während der erste Satz ein kognitives Moment beinhaltet, enthält die zweite Maxime ein haptisches Element, mit einer intendierten Handlungsaufforderung. Aus einem konstruierten Zusammenhang wird somit ein Appell abgeleitet. Mit dem Stilmittel der Anapher, dem gleichen Versanfang, wird diese Stelle zusätzlich betont.

Das passive Indefinitpronomen *man* schließt einen großen, nicht näher definierten Adressatenkreis ein. Im Subtext der Äußerung schwingt ein gewalttätiger Aspekt mit. Schließlich kann die Redewendung „jemanden etwas beibringen“ auch für das Beibringen von Verletzungen verwendet werden. Wie die Aussage zu interpretieren ist, ist an dieser Sequenz bewusst offen gehalten. Mehrere Lesarten sind möglich.

Es obliegt der Leserschaft, ob sie sie als einen Gewaltaufruf verstehen mag, oder nicht. Die Kommunarden arbeiten bewusst mit dem Mittel der Assoziation und überlassen dem Leser die Interpretation des Gelesenen.

Die Kommune I arbeitet mit dem Mittel der Inszenierung und des Scheins. Sie setzt auf Provokation. Ihre Taten haben einen symbolischen, somit einen stellvertretenden Gehalt. Ihre direkte Aktion erfordert eine Reaktion seitens des Publikums bzw. der Leserschaft. Sie betreiben somit eine Form der „symbolischen Politik“.[191]

Mit der Aussage *„Der Führer soll ja auch nicht alles gewußt haben“* hat die dreigliedrige Satzsteigerung ihren Höhepunkt erreicht. Der sozialdemokratische Außenminister und Vizekanzler wird mit Adolf Hitler in Relation gebracht. Hier wird das Freund/Feind-Schema und der Absolutismus der Kommunarden deutlich: „Bist Du nicht

[191] Alexander Holmig: Die aktionistischen Wurzeln der Studentenbewegung, in: Martin Klimke, Joachim Scharloth (Hrsg.): Handbuch 1968 zur Kultur- und Mediengeschichte der Studentenbewegung, Stuttgart, Weimar 2007, S. 107-119, S. 111 ff.

für uns – bist Du gegen uns.“ Ganz deutlich wird diese absolute Haltung angesichts des Flyers „Ostermarschierer, Ostermärtyrer“, indem die Kommune I attestiert: „*Wer den Spießer nicht enteignet, Bleibt es selbst, auch wenn er's leugnet.*“[192]

Es ist dennoch sehr pikant, Willy Brandt mit dem *Führer* in eine genealogische Linie zu rücken. Als 19-jähriger geht der gebürtige Herbert Frahm nach Norwegen ins Exil. Er ist ein politischer Emigrant, der sich im faschistischen Nazi-Deutschland nicht mehr sicher fühlen kann.[193] Sich in den Dienst der Partei zu stellen, Repräsentant der deutschen Staatsmacht zu sein, das ist für die Außerparlamentarischen Nonsens: „*Da merkt man, daß einem die Parteimaschinerie nicht unbedingt verschleißen muß, daß man auch da Mensch sein kann. Daß man vielleicht doch etwas in der Partei machen kann.*“

Mit dem beliebten Mittel der Ironie und dem rhetorischen Mittel der Anapher wird der Staatsführung die Menschlichkeit abgesprochen. Auch hier ist der Adressatenkreis bewusst unpersönlich gehalten und nicht näher definiert. Er umfasst die Allgemeinheit der Staatsrepräsentanten und Politiker. Es obliegt dem Rezipienten, ob er sich mit der Zielgruppe identifizieren will oder nicht. Auch hier erfordert die Aktion eine Reaktion seitens des Lesers.

Den Antiautoritären haftet auch ein antiparlamentarischer Charakter an. Diese Opposition begreift sich als Feind des Parlamentarismus, indem sie danach trachtet, die „Lebenslüge einer verschleierten Klassenherrschaft zu entlarven und zu ersetzen“.[194] Dabei ist das Parlament das wesentliche Element einer westlichen Demokratie. Es beinhaltet Gesetzgebung und Kontrolle und ist somit die mächtigste Instanz. Im Parlament existiert Meinungspluralismus zwischen den einzelnen Parteien. Diesem Meinungspluralismus geht gewiss ein Meinungsbildungsprozess innerhalb der Parteien voran.[195] Allerdings, so Walther Benjamin, fehlt den Parlamenten der Sinn *für die rechtsetzende Gewalt, die in ihnen repräsentiert sind.* Denn, *so wünschenswert und erfreulich dennoch vergleichsweise ein hochstehendes Parlament sein mag, so wird man bei der Erörterung prinzipiell gewaltloser Mittel politischer Übereinkunft nicht vom Parlamentarismus handeln können. Denn was er in vitalen Angelegenheiten erreicht, können nur jene im Ursprung und Ausgang mit Gewalt behafteten Rechtsordnungen sein.*[196]

Die Kommune I richtet sich angesichts ihres Selbstverständnisses gegen den Parlamen-

---

[192] Ostermarschierer, Ostermärtyrer: Kommune I – Quellen zur Kommune Forschung, 1967.
[193] Peter Merseburger: Willy Brandt 1913-1992, Visionär und Realist, München 2009, S. 51ff.
[194] Franz Schneider: Antiparlamentarismus und Legitimitätsfrage, in: Franz Schneider (Hrsg.): Dienstjubiläum einer Revolte, 1968 und 25 Jahre, München 1993, 2. Auflage, S. 49-71, S. 49.
[195] Schneider: Antiparlamentarismus, S. 50.
[196] Benjamin: Gewalt, S. 46 ff.

tarismus im Allgemeinen und gegen die Parteien im speziellen, da sie einen Baustein eines funktionierenden Staatsapparats darstellen. Die Ausführungen Walter Benjamins beinhalten die These, dass die Gewalt im System selbst angelegt sei. Es gehört zum späteren Selbstverständnis, *„daß du eines Tages diese Gewalt auch wirkungsvoll einsetzen kannst, gegen den Apparat. Der Apparat hat sich ja sehr schnell gezeigt, in Form von Polizeiknüppeln, Verhaftungen, diesen Justizgeschichten, vor allem von Fritz Teufel, Hausdurchsuchungen, und was es zu der Zeit alles gab."*[197] Der Parlamentarismus und das Meinungsbildungsprinzip innerhalb der Parteien fußt auf einem Konsensprinzip. Ein Konsensprinzip intendiert, dass sich eine Mehrheit durchsetzt und eine Minderheit sich der Mehrheitsmeinung anschließen bzw. diese nach außen vertreten muss. Sowohl das Konsensprinzip als auch die daraus resultierende Hierarchisierung, den Staatsapparat als solchen und seine Repräsentanten, lehnen die Kommunarden strikt ab. Sie legitimieren ihre Handlungen aufgrund des vermeintlich infamen Fehlverhaltens des autoritären Staatsapparates. Dabei ist ein ausgeprägtes Misstrauen der Opposition gegen jedwede Institution immanent, wie sie für posttotalitäre Staaten nicht untypisch zu sein scheint. Die spätere Radikalisierung der Studierendenschaft enthält so entscheidende Impulse.[198]

Die Polizei – die rechte Hand des Staates – ist den Kommunarden ebenfalls höchst zu wider. Und auch hier erhalten sie prominenten, intellektuellen Beistand. Die Polizei trete dort in Erscheinung, wo *der Staat, sei es aus Ohnmacht, sei es wegen der immanenten Zusammenhänge jeder Rechtsordnung seiner empirischen Zwecke, die er um jeden Preis zu erreichen wünscht, nicht mehr durch die Rechtsordnung* aufrechterhalten kann. Die Gewalt des Polizeiinstituts sei *gestaltlos, wie seine nirgends faßbare, allverbreitete Erscheinung im Leben der zivilisierten Staaten.*[199]

„Da wird einem die Autorität doch einmal einleuchtend, (...) denen auch ein Willy leider gelegentlich seinen Tribut zahlen muß." „Ein Willy" wird zum herkömmlichen Prototypen eines Politikers stilisiert. Diese unterscheiden sich nur unwesentlich voneinander, da sie alle Repräsentanten des Staats sind, den die Außerparlamentarische Opposition unterlaufen will. Mit dem Schlagwort *Autorität* schwingt ein Subtext mit, der den Sozialdemokraten zum zweiten Mal in die Nähe des autoritären Staats, dem Nationalsozialismus rückt. Aber auch hier obliegt die Interpretation dem Leser. Aufgrund des sarkastischen Untertons, der dem Flugblatt anhaftet, ist der Effekt eindeutig manipula-

197 Baumann: Anfing, S.29.
198 Kraushaar: Fischer, S. 252.
199 Benjamin: Gewalt, S. 45.

tiv. „*Aber das ist immer so im Leben, da kann er nichts dafür*" – erhält eine verdeckte Handlungsaufforderung im Sinne Rudi Dutschkes „Geschichte ist machbar", denn es ist das selbst gewählte Schicksal des Parteistrategens, ob er sich in den Dienst des verschleißenden Parteiapparats stellen will.

Unverschämterweise wird auch sein Privatleben direkt zum Sujet. *„Er ist ein honoriger Mann. Das sieht man schon daran, wie er seine Söhne erzogen hat. Die berechtigen doch zu den schönsten Hoffnungen."* Zunächst attestiert ihm das jugendliche Autorenkollektiv mit dem Archaismus „honorig", dass er ein ehrenvoller Mann sei, was hier auch als Ironie zu verstehen ist. Um die Aussage nicht im luftleeren Raum stehen zu lassen, folgt ein Beispiel. Die Erziehung seiner Söhne sei geglückt. Dem Leser wird freilich nicht vermittelt, zu welchen *Hoffnungen* die Kinder berechtigen. Mit der zusätzlichen Äußerung des Superlativs *schönsten* werden die Verse zur reinsten Farce.

Ganz ähnlich verhält es sich mit dem *„Faustischen"*. Der wohl bedeutendsten literarischen Figur der Germanistik haftet der Charakter des Unberechenbaren, Subversiven an. Ganz anders der Vizekanzler und Außenminister Willy Brandt, dem viel mehr ein nordisch-ruhiges Naturell attestiert wird.

An dieser Sequenz lässt sich sehr schön aufzeigen, dass der Sprachstil der Kommunarden durchaus variabel ist, denn er changiert zwischen einem umgangssprachlichen Duktus *billig, Kindereien, blöd* und Ausdrucksweisen, die auf ein durchaus gebildetes Schreiberkollektiv verweisen. Neben der Ironie, rhetorischen Mitteln wie Anapher oder Klimax, verwendet das Autorenkollektiv auch Redewendungen wie *„er hat eben zwei Seelen"* die, sich auf den faustschen Ausspruch *„zwei Seelen schlagen in meiner Brust"* beziehen.

Dass Willy Brandt die Werbetrommel für seinen Intimus schlägt, das haben auch die Kommunarden erkannt *„Und gleich den richtigen Mann, den Schütz, gefunden!"* Tatsächlich war der 40-jährige Berliner Klaus Schütz schon lange der Günstling des späteren Bundeskanzlers. Nach dem Krieg kehrte er in die Hauptstadt zurück, wurde SPD Mitglied und „fand im Kreisverband Willmersdorf 1947 mit Brandt einen väterlichen Freund". Der „väterliche Freund" besorgte seinem Vertrauten ein „Harvard Stipendium" und beauftragte ihn, in London und Washington „Wahlkampf zu studieren".[200]

Nach dem Bau der Mauer avancierte Klaus Schütz zum Westberliner Senator für Bundesangelegenheiten. Während der Großen Koalition ist sein Posten die Rolle des Staatssekretärs im Auswärtigen Amt in Bonn. Willy Brandt erkennt in Klaus Schütz den

[200] Enzensberger: Kommune I, S. 215.

Mann, der wieder Ordnung in Berlin herstellen soll. Er ist sich darüber im Klaren, „dass die Lage dort unbedingt unter Kontrolle gebracht werden musste.“ Auch parteipolitisch ist Klaus Schütz die erste Wahl, denn auch für die „Rechten in der SPD“ ist er „akzeptabel“.[201]

Das Ende des Kommune I Flugblatts wird nicht mehr durch einen Fließtext, sondern durch drei Slogans, verbunden mit konkreten Handlungsanweisungen markiert. Anfang und Ende bilden aufgrund ihrer optischen Gestaltung eine Einheit, denn beide Elemente sind grafisch hervor gehoben und fallen dem Leser somit direkt ins Auge. Auch wenn die Leserschaft nur Beginn und Konklusion lesen würde, so hätte sie zumindest die Nennung des Protagonisten erfasst und die Tatsache, wie mit ihm zu verfahren ist. Diese zwei Eye-Catcher sind demnach geschickt gewählt.

„Seid nur so nett zu unseren Gästen, wie sie es verdienen!“ Der Slogan impliziert eine Handlungsaufforderung. Dabei obliegt es dem Rezipienten, wie *nett* sie zu den Gästen sein möchten. Wer der vorgegeben Stoßrichtung der Kommune I folgen mag, der ist natürlich nicht „nett“ zu den Staatsrepräsentanten.

Das Flugblatt endet schließlich mit *„HAUT DEM SPRINGER – AUF DIE FINGER!“* Was auf den ersten Blick – aufgrund des Reimschemas – ganz amüsant klingt, ist eine aktive Handlungsaufforderung der Kommunarden. Das Autorenkollektiv hat zunächst die entscheidenden Fakten benannt - wenn auch in satirischer Form - die logische Konsequenz ist die aktive Tat. Die Urgenz wird zusätzlich aufgrund der Majuskeln und dem Ausrufezeichen unterstrichen.

Der Slogan halt kurze Zeit später dann auch durch die Hallen der Frankfurter Buchmesse, wo „mehrere hundert Studenten vor dem Stand des Ullstein Verlags demonstrierten, der damals zum Hause Springer gehört.“ Auch hier verteilen die Protestierenden Flugblätter, werfen Exemplare der Welt und der Welt Literatur durch die Gänge, verwüsten immerhin nicht den Stand und die Bücher.[202]

Die Aufforderung *„Seid nett zu Willy“* ist ironisch zu verstehen. Die politische Wohngemeinschaft erblickt zwar in Axel Springer ihren ersten Intimfeind, zugegeben richtet sie sich auch kritisch gegen Vizekanzler und Außenminister Willy Brandt. Die beiden Protagonisten Willy Brandt und Axel Springer stehen sich durchaus wohlwollend gegenüber. Das Presseimperium Springer berichtet in großer Aufmachung von Willy Brandts Reisen als Außenminister, darunter auch Bilder von seinen Zusammenkünften mit Eisenhower und Hammarskköld, Hirohito oder Nehru. Die Berichte beschränken

---

[201] Enzensberger: S. 215.

[202] Kraushaar: Bilanz, S. 160.

sich nicht nur auf die Hauptstadt Berlin, sondern im gesamten Bundesgebiet wird die Werbetrommel in der überregionalen Springer-Presse für den Sozialdemokraten geschlagen. Das bringt ihm einen erhöhten Bekanntheitsgrad und ein größeres Maß an Popularität ein. Diese Erfolge beschleunigen schließlich auch seinen Aufstieg in der Bundespartei.[203] Mit dem Slogan *„Teufel raus – Springer rein"* beziehen sich die Kommunarden auf den noch immer inhaftierten Fritz Teufel. In Axel Springer erkennen sie den eigentlichen „Verbrecher".[204]

---

203 Merseburger: Brandt, S. 344.

204 Eine ganz ähnliche Parole skandierten Studierende bereits 1962 während Protestaktionen im Hinblick auf das liberale Nachrichtenmagazin *Der Spiegel*. „Strauß rein - Augstein raus!" lautet die Losung, als Spiegel Verleger Rudolf Augstein und der stellvertretende Chefredakteur Conrad Ahlers inhaftiert werden. Der ihnen zur Last gelegte Vorwurf lautete Landesverrat. Auch hier setzenten sich die demonstrierenden Studenten für die Pressefreiheit ein. Im Untergrund brodelte es bereits, bis zum eruptiven Ausbruch sollte es noch wenige Jahre dauern. Nicht wenige erkennen in den studentischen Unruhen den Auftakt zur späteren Revolte.

Vgl. Wolfgang Kraushaar: Kleinkrieg gegen eine Großverleger – Von der Anti-Springer Kampagne der APO zu den Brand- und Bombenanschlägen der RAF, S. 1080.

8. Fazit: Im Nachklang der Revolte

„Macht kaputt, was Euch kaputt macht" - Ton, Steine, Scherben lieferten im Nachklang der Revolte die Hymne, die fortan auf keiner linken Demo fehlen durfte. Ein ähnliches Credo hatten auch die Mitglieder der Kommune I. Freilich bekämpften sie den Staat nicht mit aktiver Gewalt, so wie es die Linksextremisten der RAF später taten, sondern spielten vielmehr mit den Mitteln der Satire und der Ironie. Tatsächlich setzte die RAF später vieles von dem in die Tat um, was die Kommune I nur innerhalb ihrer Symbolpolitik etabliert hat.

Mit ihren aktionistischen Wurzeln - der Münchener Künstlergruppe „Spur" und der subversiven Aktion – und außerdem als ein Element der Außerparlamentarischen Opposition, verliehen sie ihrer medialen Präsenz und ihren Happening Attitüden einen infantilen Charakter. Sie verstanden es, den Ernst in Unernst zu verpacken. Ähnlich war auch ihr Verständnis von Gewalt. Dieter Kunzelmann brachte es in den Notizen zur Gründung revolutionärer Kommunen in den Metropolen auf den Punkt. *„Wir müssen unserer Gewalt gewaltlos erscheinen lassen. Wir müssen unterlaufen, lächerlich machen. Je gefährlicher wir werden, desto freundlicher müssen wir erscheinen."*[205]

Obwohl er dieses Traktat noch vor der eigentlichen Gründung der Wohngemeinschaft formulierte, spiegelte es dennoch exakt das Selbstverständnis der Kommune I wieder. Aufgrund ihrer Flugblätter gelang es ihnen, die staatlichen Instanzen zu blamieren und zu verhöhnen. Dabei entbehrten ihre Postulate allerdings nicht einem gewissen Zynismus und einem makaberen Charakter.

Das Autorenkollektiv verwendete unterschiedliche mediale Mechanismen, um ihren Inhalten auf den Flugblättern den nötigen Nachdruck zu verleihen. Dabei parodierten sie etablierte Medien (Flugblatt 6, Flugblatt 8) oder bedienten sich der Werbung (explizit Flugblatt 7, implizit Flugblatt 9). Sie spielten mit dem Klischee der politischen Brandstiftung und verwirrten so den Rezipienten. Außerdem persiflierten sie Medien jeglicher Couleur. Sie bedienten sich der Mittel des Journalismus und der Werbung, die lediglich die nötigen Ideengeber für ihre Postulate darstellten. Die Flugblätter des Autorenkollektivs lehnten sich stets an der Realität an. Dennoch hatten sie auch einen hohen Grad an Literarität. In Anbetracht der Tatsache, dass die Kommune I nur über einen relativ kurzen Zeitraum existierte, entfachte sie eine enorme politische Sprengkraft. Ihre Flugblätter verweisen auf eine sehr effiziente Arbeitsweise mit aktuellem Bezug.

Bei eingehender Analyse wird augenscheinlich, mit welch feinsinniger Rhetorik, klassi-

---

205 Dieter Kunzelmann: Notizen zur Gründung revolutionärer Kommunen in den Metropolen, in: Kommuneforschung, Berlin 1966.

scher Ironie und sprachlicher Kompetenz die Kommunarden auf ihre Belange aufmerksam machten. Sie betrieben Symbolpolitik, indem sie die vermeintlichen Täter hinrichteten. Gewalt trat nicht offen auf, sie vollzog sich auf einer unterbewussten Ebene.

Außerdem bedienten sie sich eines changierenden Sprachstils. Dieser kulminiert zunächst einmal aus einer sehr umgangssprachlichen Ausdrucksweise, allerdings unter Hinzunahme gängiger Redewendungen, die auf sprachliche Kompetenz schließen lassen. Dafür spricht auch die Verwendung der rhetorischen Mitteln oder der bewusst platzierten Ironie.

Auch grafisch gestalteten die Kommunarden die Handzettel so, dass sie optisch auffielen. Inhaltlich verfolgten die Mitglieder der Polit-Kommune auch eine „In-Group“ und „Out-Group“ Strategie, die aufgrund des Possessivpronomens „unser“ gesetzt wird. Diese Strategie hatte für die Kommunarden einen absoluten Charakter. Denn wer nicht für sie war, der war gegen sie.

Die Themenbesetzung der Flyer lässt auf den soziokulturellen Hintergrund der Schreiber schließen, wurden doch vornehmlich Inhalte gesetzt, die nur die Belange der Kommune I tangierten. Politische Lösungen boten die Kommunarden auf dem Flugblatt freilich nicht an - aber dies entsprach auch nicht ihrer Intention.

Allerdings verbarg sich hinter dem infantilen Gebaren auch eine gewisse Ohnmacht gegenüber der Staatsgewalt. Die Demonstration am 02. Juni 1967, welche mit Benno Ohnesorg ein Todesopfer forderte, radikalisierte die Bewegung zusehends. Das Gewaltverständnis erfuhr so eine neue Legitimationsgrundlage, denn der Staat hatte zuerst angegriffen. Weitere Aktionen erscheinen somit im Nachgang wie ein Vergeltungsschlag. Legitimation für den Habitus der „Spaßkommune“ war auch die nationalsozialistische Vergangenheit der Elterngeneration. Sie wollten mit symbolischen Mitteln die Macht der Institutionen brechen. Sie fühlten sich ohnmächtig gegenüber dem mächtigen Staatsapparat und versuchten eine Gegenmacht zu etablieren. Allerdings lieferten die angeführten Gründe keine Basis, um der BRD den Krieg zu erklären, wie durch die spätere RAF geschehen.

Ihr Gewaltverständnis konkludierte mit dem ihrer intellektuellen Ziehväter. Gewalt sei dann gerecht, wenn sie einem gerechten Zweck dient. Oskar Negt folgend, vertrat die Kommune I ein progressives Gewaltverständnis, dies jedoch lediglich im symbolischen Sinne. Sie verwiesen innerhalb ihrer Flugblätter auf das Anzünden von Warenhäusern als ein Mittel politischer Agitation, was nicht vollkommen unbekannt innerhalb der "Linken" gewesen zu sein scheint. Das *Naturrecht auf Widerstand* wurde nur symbolisch eingeklagt, allerdings schwang im Subtext auch ein terrorisierender Impetus mit. Sie drangsalierten die Nerven des Lesers.

Abschließend ist zu sagen, dass die Handblatter der Kommune I hochgradige literarische Zeugnisse der Zeit um 1968 sind. Daher ist in vielerlei Hinsicht bedauernswert, dass sie in der Germanistik bisher wie ein Stiefkind behandelt wurden - ein Missstand, den es zu ändern gilt.

Autorenprofil

Anke-Elisabeth Schoen wurde 1983 in Arnsberg geboren. Ihr Studium der Germanistik an der Ruhr-Universität Bochum schloss die Autorin erfolgreich mit dem Master of Arts ab. Schon in ihrer Jugend faszinierte Anke-Elisabeth Schoen das Thema der 68er-Bewegung und der RAF. Deshalb lag es nahe, sich auch wissenschaftlich mit dieser Thematik auseinanderzusetzen.